TESOROS LÉXICOS DE LA PALABRA DE DIOS

Anthony D. Palma

Tesoros Léxicos del las Palabra de Dios

Los artículos compendiados en este libro fueron publicados originalmente en inglés en la revista Advance.

Apartado 0818-00792
Ciudad de Panamá, PANAMÁ

ISBN:
978-1-63368-012-8 Impresso
978-1-63368-013-5 Digital

ÍNDICE

Para Betty,
mi cariñosa y devota esposa de más
de treinta y cinco años y la madre de nuestros
dos hijos, quien ha apoyado tanto a mi ministerio.

PREFACIO

Mi conversión a Cristo y al cristianismo evangélico se debió mayormente a una investigación de la Palabra de Dios con el fin de ver si la tradición religiosa en que fui criado era fiel a las Escrituras. Descubrí que no lo era. Mi amor y aprecio por la Palabra de Dios y su autoridad se han intensificado durante los más de cincuenta años que han transcurrido desde mi conversión.

Como toda la Escritura ha sido inspirada por Dios (2 Timoteo 3:16), el estudio de palabras y términos bíblicos es un elemento indispensable del estudio bíblico. He tenido el honor a lo largo de los años de recibir muchas peticiones de que escriba estudios de palabras. Han enriquecido mi vida y ministerio. Mi esperanza y mi oración son que el lector de este libro reciba semejante bendición.

1

El Primogénito

Significa la palabra "primogénito" 'el primero nacido'? La pregunta pudiera parecer insignificante o innecesaria, pero es importante para una comprensión clara de algunos importantes pasajes cristológicos. Este capítulo enfoca la palabra griega *prototokos* en su uso con relación a Cristo.

Importancia histórica y contemporánea

Los arrianos están todavía con nosotros. ¿Recuerda a Arrio, un teólogo del siglo cuatro? Enseñó que el Logos era un ser creado, y por lo tanto no igual con Dios ni de la misma sustancia que Dios. Enseñó además que el Logos creado se convirtió en aquel por medio de quien llegó a existir el resto de la creación.

El Concilio de Nicea (325 d.C.) condenó rotundamente a Arrio y sus enseñanzas, y Atanasio se dejó ver como el campeón de lo que se llegó a considerar el punto de vista ortodoxo: que Cristo es y siempre era completamente Dios, que Él siempre existía con el Padre, y que es igual con el Padre.

Sin embargo, la enseñanza de Arrio persiste, notablemente en la teología de los Testigos de Jehová, que enseñan que Cristo es un ser creado y por lo tanto no igual con Dios (Jehová). Colosenses 1:15 es un pasaje clave empleado por los proponentes del punto de vista sostenido por Arrio y por los Testigos de Jehová. Describe a Cristo como "el primogénito [*prototokos*] de toda creación".

Hechos lingüísticos fundamentales

Hay dos asuntos muy importantes para la determinación del significado de cualquier palabra. Uno es la distinción entre la denotación y la connotación de una palabra. Con el tiempo una palabra puede perder su significado original (denotación) o puede adquirir un significado adicional relacionado con el significado original pero diferente (connotación). Un buen ejemplo en la Biblia es la palabra que a menudo se traduce "ángel" (hebreo, *mal'ak*; griego, *angelos*). El significado original de estas palabras — su denotación — es "mensajero" y así se las emplea en algunos pasajes de la Biblia. Pero las palabras llegaron a tener un significado adicional y algo diferente al ser usadas para hablar de los seres espirituales a quienes comúnmente llamamos "ángeles", aun cuando los ángeles en la Biblia no siempre desempeñan la función de mensajeros. (¿Era el "mensajero [*angelos*] de Satanás" que abofeteaba a Pablo un adversario humano o un "ángel" [2 Corintios 12:7]?)

El segundo asunto tiene que ver con el uso de las palabras. A fin de cuentas, el uso de las palabras, y no su significado original o denotación, determina el significado de una palabra en un contexto dado. (Piense en el sentido de "bárbaro" en español. Originalmente quería decir cruel o grosero, pero por lo regular significa espléndido o magnífico. De manera parecida, la palabra *gay* en inglés significaba, hasta hace unos veinticinco años, "alegre". Ahora, sin embargo, su significado corriente es "homosexual".) Tomando eso en cuenta, hacemos la pregunta original de una manera modificada: "¿Significa *prototokos* siempre 'uno nacido primero' ya que eso es el significado original, la denotación de la palabra?" Por ejemplo, la idea de "nacido primero" es imposible en un pasaje como Job 18:13, que habla de una enfermedad fatal como "el primogénito de la muerte".

Cristo como "prototokos"

La palabra *prototokos* se emplea al hablar de Cristo en seis pasajes del Nuevo Testamento (Lucas 2:7; Romanos 8:29; Colosenses 1:15, 18; Hebreos 1:6; Apocalipsis 1:5). Sólo en el primer pasaje se emplea en su sentido original: María "dio a luz a su hijo primogénito". Pero el significado "uno nacido primero" no tiene sentido en contextos en que se le llama "el primogénito entre muchos hermanos" (Romanos 8:29). De otra manera, querría decir que Él fue el primero en nacer de nuevo, una idea totalmente inaceptable que presupone que Él *necesitaba* nacer de nuevo. Tampoco puede significar "nacido primero" en Colosenses 1:18 y Apocalipsis 1:5, donde Él es "el primogénito de entre los muertos", una referencia clara a la resurrección de Jesús. La idea de nacimiento simplemente no está presente.

En Hebreos 1:6, se usa *prototokos* sin palabra ni frase calificadoras: "cuando [Dios] introduce al Primogénito en el mundo". Es posible que esto se refiera al nacimiento de Cristo, ya que el resto del versículo trata de los ángeles de Dios que lo adoran. Pero su relación con la cita de los Salmos en el versículo anterior indica algo diferente, como veremos pronto.

"El primogénito de toda creación"

A veces se entiende mal esta frase de Colosenses 1:15, suponiendo que quiere decir que Cristo fue el primero de muchos entes creados, y por lo tanto es un ser creado. Ya hemos visto que la palabra *prototokos* no connota necesariamente el nacimiento. Los dos componentes de la palabra griega vienen de *protos* (primero) y *teknoo* (dar a luz un hijo), de manera que originalmente la palabra comunicaba la idea de "nacido primero". En el Antiguo Testamento, la palabra hebrea comparable, *bekor* ocurre con frecuencia, y la mayor parte del tiempo significa en efecto el primero en nacer, ya sea de seres humanos o de animales. Pero a veces se la emplea en otro sentido.

El Señor dice: "Israel es mi hijo, mi primogénito" (Éxodo 4:22; véase también Jeremías 31:9). Es seguro que aquí no se trata de nacimiento, sino más bien del lugar de superioridad de Israel sobre todas las demás naciones; no "nacieron" otras naciones después de Israel. La idea de superioridad en rango ha sustituido cualquier idea de "nacido primero"; la connotación de la palabra suplanta su denotación.

El Señor profetiza en un pasaje mesiánico pertinente: "Yo también le pondré por primogénito, el más excelso de los reyes de la tierra" (Salmo 89:27). El paralelismo poético hebreo atribuye inequívocamente a la palabra *bekor* el significado de prioridad en rango y no prioridad en tiempo. El Salmo 2:7, citado en Hebreos 1:5, es un pasaje mesiánico relacionado y habla de *entronización*, no de nacimiento: "Mi Hijo eres tú, yo te he engendrado hoy."

Consideremos ahora nuestro pasaje clave: Colosenses 1:15. El Nuevo Testamento enseña claramente que Cristo participó en la creación y no fue una parte de ella (Juan 1:3, 10; 1 Corintios 8:6; Hebreos 1:2). "El primogénito de toda creación" quiere decir que Cristo está en una posición de superioridad sobre la creación. El contexto inmediato dice que "en él fueron creadas todas las cosas" (Colosenses 1:16). (Es posible traducir la preposición griega para "en" [*en*] como "por", y tal vez efectivamente se deba traducir así, indicando que se trata del caso instrumental del griego en vez del locativo.) El contexto dice también que Él tiene "preeminencia" (*proteuo*) en todo (v. 18).

Estrechamente relacionada está la designación de Cristo como el *arje* de la creación de Dios (Apocalipsis 3:14). La palabra expresa la idea de origen o fuente. El significado sugerido por un léxico muy fidedigno es "primera causa".

Conclusión

Hay que rechazar cualquier interpretación de la Biblia que socave la fe en la absoluta deidad del Señor Jesucristo. Personas bienintencionadas pero equivocadas deben comprender que la gloria de la cruz es que el mismo Dios ofendido vino a la tierra para dar su vida en rescate por muchos (Marcos 10:45). No hubiera podido ser aceptable ningún otro sacrificio. Tal vez el escritor del himno lo capte mejor en las palabras: "El gran Creador se volvió mi Salvador, y toda la plenitud de Dios habita en él" (Colosenses 2:9).

2

¿"VIRGEN"? ¿O "MUJER JOVEN"?

El Parto Virginal (más exactamente, "la concepción virginal") de Jesús es una enseñanza clara del Nuevo Testamento (Mateo 1:18-25; Lucas 1:26-35). Según Mateo 1:22-23 fue el cumplimiento de Isaías 7:14, que dice: "Por tanto, el Señor mismo os dará señal: He aquí que la virgen [*'almah*] concebirá, y dará a luz un hijo, y llamará su nombre Emanuel."

'Almah y *Betulah*

El objetivo principal de este capítulo es investigar si la mejor traducción de la palabra hebrea *'almah* es "virgen". La pregunta pudiera parecer impía, pero aun una traducción firmemente conservadora como la Biblia de las Américas, en el margen, da la traducción alternativa "doncella". ¿Es cierto que *'almah* quiere decir "virgen"? Si no es así, ¿hay una palabra hebrea que tenga claramente ese significado? Si en realidad existe tal palabra, por qué no la empleó Isaías? La respuesta a la primera pregunta es "no"; a la segunda, "sí". La respuesta a la tercera pregunta surgirá de la consideración de las primeras dos, así como de un análisis del contexto de Isaías 7:14.

Todos los léxicos fidedignos dicen que *'almah* quiere decir "doncella, muchacha, mujer joven de edad para casarse". La palabra ni afirma ni niega la idea de virginidad. Es, más bien, una palabra inclusiva para una mujer joven y adolescente; ocurre siete veces en la Biblia hebrea (Génesis 24:43; Éxodo 2:8; Salmo 68:25; Proverbios 30:19; Cantar de los Cantares 1:3; 6:8; Isaías 7:14). No hay ningún ejemplo claro en el AT para el significado "mujer casada", aunque algunos comentaristas sugieren "una recién casada" como un significado posible. El hecho de que la palabra *puede* incluir la idea de virginidad queda claro de su uso con respecto a Rebeca antes de casarse, a quien se le llama "doncella" (*'almah*) en Génesis 24:43, pero "virgen" (*betulah*) anteriormente en el versículo 16. A "virgen" sigue una nota explicativa: "a la que varón no había conocido". Este es el primer caso de la palabra *betulah* en la Biblia hebrea; es significativo que en esa época primitiva se dé una explicación de la palabra. Un examen de los otros ejemplos (más de cuarenta) de *betulah* en el AT muestra que esta palabra, y no *'almah*, comunica correctamente el significado "virgen" (véanse, por ejemplo, Éxodo 22:16-17; Deuteronomio 22:19, 23, 28; Jueces 19:24).

Cumplimiento doble

¿Por qué, pues, se emplea en Isaías 7:14 la palabra *'almah*? La respuesta se encuentra en las circunstancias históricas que rodean la proclamación de la promesa. Se la dio a Acaz, rey de Judá, cuando Siria y el reino norteño de Israel amenazaban con invadir su tierra y establecer su propio rey (vv. 1-6). El Señor le dijo a Acaz que eso no sucedería y le animó a creerlo (vv. 7-9). Le dijo a Acaz que pidiera una señal, pero éste se negó a hacerlo (vv. 10-13). Después sigue la declaración: "El Señor mismo os dará señal" (v. 14).

Isaías 7:14 es un buen ejemplo de lo que algunos llaman referencia doble: una profecía que se cumplirá tanto en el futuro próximo como en el futuro distante. Dos ejemplos del AT ilustran esto.

El libro de Daniel habla de la abominación desoladora que tendrá lugar (9:27; 11:31; 12:11). Se cumplió por primera vez en el segundo siglo antes de Cristo cuando Antíoco Epífanes, el rey Seléucida de Siria, invadió Jerusalén y sacrificó un cerdo en el altar del templo judío. Sin embargo, Jesús habla de la abominación desoladora como algo por venir (Mateo 25:15).

Se encuentra un segundo ejemplo en el Pacto Davídico (2 Samuel 7:12-16). El prometido descendiente de David es con toda seguridad Salomón, quien "edificará casa a mi nombre" (v. 13) pero que también será culpable de iniquidad (v. 14). Sin embargo, el pacto tiene elementos que no se pueden aplicar a Salomón, pues el Señor dice: "Yo afirmaré para siempre el trono de su reino" (v. 13) y: "Será afirmada tu casa y tu reino para siempre delante de tu rostro, y tu trono será estable eternamente" (v. 16). El cumplimiento más distante es sin lugar a dudas Cristo.

Volviendo, pues, a Isaías 7:14: Se pretende un cumplimiento doble, y es precisamente por eso que se emplea la palabra más inclusiva *'almah*, ya que puede incluir la idea de virginidad, pero no la incluye necesariamente. Ha habido, y para siempre habrá, un solo Parto Virginal. Si nuestro pasaje hubiera empleado la palabra *betulah*, el hijo prometido en el futuro próximo habría tenido que nacer de una virgen, además del Hijo en el futuro distante. Cito el *Beacon Bible Commentary* [Comentario bíblico Beacon]:

> La Biblia afirma sólo *un* Parto Virginal, no *dos*, como sería el caso si aceptáramos la precisión histórica de Isaías 7 a la vez que insistiéramos en que hay que traducir *'almah* aquí como "virgen".

Está fuera del alcance de este capítulo considerar la identidad de la *'almah* en el cumplimiento inmediato de la promesa. Sugerencias incluyen la esposa de Isaías, la de Acaz u otra persona de la casa real.

Mateo 1:23 cita Isaías 7:14 de la Septuaginta, no del texto hebreo. Por razones que mejor conocen los traductores de la Septuaginta, tradujeron *'almah* como "virgen" (*parthenos*) sólo en este pasaje y en Génesis 24:43, donde el contexto ya hablaba de Rebeca como virgen. En otros casos, lo tradujeron más precisamente cuatro veces por *neanis* (mujer joven, doncella) y una vez por *neotes* (joven). Aun cuando la Septuaginta es a menudo una traducción libre y no se la puede poner al mismo nivel que el inspirado texto hebreo, tal vez fuera providencial que los traductores escogieran "virgen" para Isaías 7:14.

Emanuel

Conviene una palabra final sobre el nombre del hijo profetizado: Emanuel (*'immanuel*), que quiere decir "Dios con nosotros". El nacimiento del niño en la época de Isaías había de ser una señal (*'ot*) de que Dios estaba con su pueblo y traería liberación. El nombre no significaba necesariamente que el niño era Dios, ya que el AT contiene más de ciento diez nombres personales compuestos que incluyen la palabra Dios (*'el*). Sin embargo, cuando se aplica a Cristo, habla por supuesto de su deidad. Dos capítulos después hay otra profecía muy conocida: "Porque un niño nos es nacido, hijo nos es dado", y a este Prometido se le llama "Dios fuerte" y "Padre eterno" (Isaías 9:6). El *Broadman Bible Commentary* [Comentario bíblico Broadman] lo dice bien:

> Cuando vino el cumplimiento del tiempo . . . esta antigua profecía [Isaías 7:14] fue transportada a un tono más alto, y se inauguró el reinado mesiánico con el nacimiento de Jesús. La promesa de la presencia de Dios con su pueblo (Emanuel) se cumplió de manera única en el advenimiento de su Hijo.

3

UN SALVADOR . . . CRISTO EL SEÑOR

El mensaje del ángel a los pastores identifica al niño recién nacido como "un Salvador, que es CRISTO el Señor" (Lucas 2:11). Este capítulo es un breve estudio de estos tres títulos cristológicos.

Salvador

Salvador (griego *soter*) es uno de los más queridos de todos los títulos honoríficos otorgados al Señor Jesucristo. Sin embargo, es sorprendente que se use sólo unas quince veces en el Nuevo Testamento para referirse específicamente a Cristo.

Algunos gobernantes de las épocas preneotestamentaria y neotestamentaria se arrogaron este título, u otros se lo atribuyeron. La idea a menudo era la de libertador. También se emplea al hablar de Dios en la Septuaginta. Por ejemplo, Isaías 43:3 dice: "Porque yo Jehová, Dios tuyo, el Santo de Israel, soy tu Salvador." Por consiguiente, cuando se aplica a Jesús incluye la idea de su deidad. Con frecuencia se emplea junto con el título Señor (por ejemplo, 2 Pedro 1:11; 2:20; 3:2, 18).

Es importante ver la conexión entre este título y el nombre Jesús. *Jesús* (griego *Iesous*) se encuentra en la Septuaginta como traducción del nombre hebreo Josué, que está basado en el verbo *yasha'* "liberar". El significado tipológico de Josué se encuentra en Hebreos, capítulos 3 y 4. Así como Josué guió al pueblo de Dios en la tierra prometida y a la victoria sobre sus enemigos, así el Josué del Nuevo Testamento — Jesús — libera al pueblo de Dios y lo guía en la vida victoriosa.

Eso recuerda la declaración del ángel a José: "Llamarás su nombre JESÚS, porque él salvará a su pueblo de sus pecados" (Mateo

1:21). Palabras cognadas con *soter* (tales como *soteria*, "salvación, liberación"; *sozein*, "salvar, liberar") muestran que la liberación llevada a cabo por Cristo es comprehensiva. Efectivamente, Él nos libera del pecado, pero también libera de la enfermedad (Mateo 9:21-22; Marcos 6:56; Santiago 5:15) y de la muerte (Lucas 8:50). Además, nos liberará de nuestro cuerpo terrenal, transformándolo para que sea como su glorioso cuerpo (Filipenses 3:20). Es, en verdad, el Salvador del mundo (Juan 4:42; 1 Juan 4:14), pero es de manera especial el Salvador de su cuerpo, la iglesia (Efesios 5:23).

Cristo

A continuación el ángel identifica al Salvador como "Cristo" (griego *jristos*). La palabra es un adjetivo sustantivo que quiere decir "ungido". Está basado en el verbo *jriein* (ungir) y es el equivalente griego del hebreo *mashiaj* (Mesías) que viene del verbo *mashaj* (ungir). Se ve claramente en Juan 1:41 la equivalencia de significado de estas palabras griega y hebrea.

Por consiguiente debemos ir al Antiguo Testamento para lograr comprender de manera adecuada este título cristológico. Un *mashiaj* era una persona a quien Dios asignó una tarea especial y que fue por lo tanto ungida con aceite. Se emplea el término corrientemente al hablar de un rey (1 Samuel 12:3, 5; 6:11; 2 Samuel 1:14), y en el Salmo 2:2 se usa para designar al Mesías venidero. Los sacerdotes (Aarón y otros) eran ungidos también (Éxodo 28:41; 29:7; 30:30; 40:13-15; Levítico 4:3; 21:10; Números 3:3). Además, hay una referencia a la unción de un profeta (1 Reyes 19:16).

El título *Cristo*, por lo tanto, se refiere específicamente a la obra de Jesús. Él también fue comisionado para una tarea especial. Pero su unción fue para un papel profético, más bien que para un papel real o sacerdotal. La unción tuvo lugar en su bautismo cuando el Espíritu Santo descendió sobre Él. Jesús afirmó ser el Mesías (o Cristo) cuando en los primeros días de su ministerio se aplicó a sí mismo Isaías 61:1-3: "El Espíritu del Señor está sobre mí, por cuanto me ha ungido para dar buenas nuevas . . . Me ha enviado . . . a pregonar libertad . . . , a poner en libertad a los oprimidos . . ." (Lucas 4:18-19)

Pedro declaró: "Dios ungió con el Espíritu Santo y con poder a Jesús de Nazaret . . . éste anduvo haciendo bienes y sanando a todos los oprimidos por el diablo" (Hechos 10:38). Este título, por lo tanto, pone énfasis en la relación muy estrecha entre Jesús y el Espíritu Santo. Aunque era completamente Dios (el título *Señor*), también era completamente hombre y por consiguiente dependiente del Espíritu.

Otros pasajes mesiánicos en Isaías también enfatizan esa relación entre el Mesías y el Espíritu Santo (11:1-4; 42:1-4).

Señor

Si la designación Cristo/Mesías señala la humanidad del Salvador, el título Señor señala su deidad. Esta designación (griego *kurios*) es uno de los títulos cristológicos que con más frecuencia ocurre. Vemos su suma importancia en la declaración de Pablo de que una condición indispensable para la salvación es la confesión de Jesús como Señor (Romanos 10:9).

¿Qué significaba para los escritores bíblicos el título *Señor*? Hay dos conceptos fundamentales. En primer lugar, señala su absoluta Deidad. Para entender esto debemos volver al Antiguo Testamento. La versión Reina-Valera del Antiguo Testamento contiene dos formas de la palabra: "Señor" y "Jehová". El primero es el equivalente del griego *kurios* y traduce el hebreo *'adon* o *'adonai*.

La forma "Jehová" es el nombre personal o de pacto de Dios, que también se puede traducir "Yahvéh". Los judíos consideraban tan sagrado este nombre que evitaban pronunciarlo. Cuando lo encontraban en su lectura de las Escrituras, lo sustituían por *'adonai*.

Se refleja esta práctica en la Septuaginta, la traducción de las Escrituras hebreas al griego hecha por eruditos judíos de la época intertestamentaria. Cuando ocurría el nombre Yahvéh, lo traducían como *kurios*, al igual que *'adon* y *'adonai*. Esa traducción tuvo una influencia importante sobre la Iglesia primitiva, de manera que cuando el Nuevo Testamento aplica el título *kurios* a Jesús, lo identifica con Yahvéh del Antiguo Testamento y sugiere que Él también es Dios.

Pablo dice que después de la muerte de Jesús, Dios le dio "un nombre que es sobre todo nombre"; en versículos posteriores relaciona esto con el hecho de que Jesús es Señor (Filipenses 2:9-11).

En segundo lugar, la palabra *kurios* incluye las ideas de posesión, autoridad, superioridad y soberanía. Como los cristianos primitivos profesaban el señorío de Cristo, a veces encontraban oposición de las autoridades civiles ya que los emperadores romanos se consideraban soberanos universales y algunos llegaron a afirmar su propia divinidad. Pero para el cristiano sólo hay "un Señor" (Efesios 4:5). En el libro de Apocalipsis, que se escribió durante un tiempo de persecución imperial, se denomina a Jesús "Rey de reyes y Señor de señores" (19:16; también 17:14).

4

¿FUE ANATEMA JESÚS?

Pablo parece hacer declaraciones contradictorias acerca del concepto de la maldición con relación a Jesús. Por una parte dice que: "Nadie que hable por el Espíritu de Dios llama anatema [*anathema*] a Jesús" (1 Corintios 12:3). Por otra parte dice que Cristo fue "hecho por nosotros maldición [*katara*]" (Gálatas 3:13). Las dos palabras griegas son sinónimas, así que no se puede resolver la contradicción aparente apelando al hecho de que se empleen dos palabras distintas. La resolución más sencilla es ver que se dice en tiempo pasado que Cristo fue hecho maldición, mientras que se expresa la declaración desaprobada en 1 Corintios 12:3 en el presente. Históricamente, Cristo *fue hecho* maldición por nosotros en la cruz; *no* está maldito *actualmente* en ningún sentido de la palabra. Una consideración de las dos palabras griegas será instructiva.

La palabra *Anathema*

Anathema es una palabra cuyo significado original sufrió un cambio con el tiempo. Su significado etimológico sugiere algo que está dedicado (literalmente, "erigido"), y en la Septuaginta se usa a menudo con relación a Dios. En su forma original, *anathema*, quería decir "ofrenda votiva" y así se traduce esta forma de la palabra en Lucas 21:5. Pero con el tiempo adquirió el significado de lo que está dedicado o entregado a Dios para destrucción.

El equivalente de *anathema* en el Antiguo Testamento hebreo es *jerem*. A menudo llevaba el significado no sólo de la prohibición sino también la destrucción o el exterminio de una nación, persona, o cosa (Levítico 27:19; Deuteronomio 13:16-17). Dicho de manera sencilla, lo que es *anathema/jerem* es el objeto de la ira divina. Vemos esta idea especialmente en los siguientes pasajes del Nuevo Testamento en que ocurre la palabra *anathema*.

Pablo dice: "Porque deseara yo mismo ser anatema, separado de Cristo, por amor a mis hermanos, los que son mis parientes según la carne" (Romanos 9:3). Efectivamente dice que estaría dispuesto a sacrificar su propia salvación y convertirse en objeto de la ira de Dios, si el hacerlo efectuaría la salvación de sus hermanos judíos.

En otro pasaje significativo Pablo dice: "Si aun nosotros, o un ángel del cielo, os anunciare otro evangelio diferente del que os hemos anunciado, sea anatema" (Gálatas 1:8, también v. 9). Cualquiera que tergiverse el evangelio enseñando que la salvación no es sólo por fe sino por una combinación de la fe y las obras se hace objeto de la ira de Dios. Es evidente que Pablo está hablando de los judaizantes como promotores de falsa doctrina, pero ¿qué quiere decir por "un ángel del cielo"? Tal vez se refiera a un ser espiritual que supuestamente es un mensajero divino pero que en realidad no lo es. Uno piensa de inmediato en la afirmación de Mahoma de que fue visitado por el ángel Gabriel, o el cuento de José Smith de una visita por el ángel Moroni. Pedro repite una idea similar cuando dice que los falsos profetas son "hijos de maldición [*kataras tekna*]" (2 Pedro 2:14).

En un tercer pasaje Pablo dice simplemente: "El que no amare al Señor Jesucristo, sea anatema" (1 Corintios 16:22). No está claro por qué esta declaración está entre los comentarios finales de la epístola, pero sí es claro el pensamiento que expresa. Una persona que no se ha dedicado al Señor se ha colocado bajo la ira de Dios.

La palabra *katara*

La otra palabra importante a considerar es *katara* y sus cognados, por lo general traducidos "maldición, maldito". El pasaje más significativo es Gálatas 3:13: "Cristo nos redimió de la maldición [*katara*] de la ley, hecho por nosotros maldición [*katara*] (porque está escrito: Maldito [*epikataratos*] todo el que es colgado en un madero)." La cita es de Deuteronomio 21:23, donde la palabra para maldición es *qelalah*. Se emplea esta palabra hebrea muchas veces junto con su antónimo bendecir (*barak* y cognados como *berakah*). El par antitético ocurre en el temor que Jacob le expresa a Rebeca de que si Isaac, que está muriendo, descubre su engaño, "traeré sobre mí maldición y no bendición" (Génesis 27:12). Se halla el par también en Deuteronomio 30:19 como comentario sobre otro par: "la vida y la muerte, la bendición y la maldición".

Se resalta el contraste entre las dos palabras en Deuteronomio 11:26-29, donde se habla de la bendición asociada con el monte Gerizim y la maldición con el monte Ebal. En los capítulos 27 y 28 de ese libro, donde se desarrollan las ideas de bendición y maldición, la palabra para maldición es *'arur*, un sinónimo de *qelalah*.

Cristo fue hecho maldición

¿Qué significa el que Cristo fue hecho maldición "por nosotros [*huper hemon*]" (Gálatas 3:13)? La preposición, por supuesto, quiere decir "para nuestro beneficio/de parte de nosotros". Pero también incluye la idea de sustitución, como indica el contexto. El versículo 10, citando Deuteronomio 27:26, dice: "Maldito [*epikataratos*] el que no confirmare las palabras de esta ley para hacerlas." Cristo tomó sobre sí la maldición, la condenación, el juicio que merecíamos. Hay un paralelo de esta idea en 2 Corintios 5:21, que afirma que Dios "al que no conoció pecado, por nosotros [*huper hemon*] lo [Cristo] hizo pecado." En el contexto de Gálatas 3:10-14, vemos una vez más el muy significativo contraste entre la maldición y la bendición, pues Pablo dice que Cristo fue hecho maldición por nosotros "para que en Cristo Jesús la bendición [*eulogia*] de Abraham alcanzase a los gentiles" (v. 14).

Resumen

¿Es anatema Jesús (1 Corintios 12:3)? La respuesta es un "¡No!" enfático. ¿Fue maldito Jesús (Gálatas 3:13)? La respuesta es un "¡Sí!" enfático. Las autoridades sobre el Nuevo Testamento no están de acuerdo en cuanto al significado exacto del primer pasaje, pero bajo ninguna circunstancia puede significar que Jesús está desaprobado ante los ojos de Dios. Sin embargo, respecto al segundo pasaje sabemos que en la cruz Jesús gritó: "Dios mío, Dios mío, ¿por qué me has desamparado?" (Mateo 27:46). Murió (y resucitó) a fin de deshacer la maldición que había caído sobre el hombre por el pecado de nuestros primeros padres. Gracias a Dios, ya que Jesús fue hecho maldición por nosotros, en la Nueva Jerusalén "no habrá más maldición [*katathema*, un sinónimo de *anathema*]" (Apocalipsis 22:3).

5

La Muerte de Cristo Por Nosotros

Qué significa la preposición "por" en los muchos pasajes bíblicos que dicen que la muerte de Cristo fue "por nosotros"? En el uso castellano, la palabra tiene dos significados fundamentales relacionados con nuestro estudio. Puede significar ya "a beneficio de/por motivo de" ya "en vez de/en lugar de". Los significados con frecuencia se entrelazan, pero hay una diferencia teológica importante entre ellos. En otras palabras, ¿enseñan las Escrituras que Cristo murió no sólo por motivo de nosotros sino también en lugar de nosotros?

Este capítulo se enfoca en las preposiciones griegas *huper* y *anti*, las cuales el Nuevo Testamento utiliza para relacionar la muerte de Cristo con nosotros. En primer lugar, debemos repasar el significado de una preposición: es la parte de la oración que relaciona un sustantivo o el equivalente de un sustantivo con otra palabra u otras palabras. Para nuestros fines, la pregunta es: "¿De qué manera está relacionada con nosotros la muerte de Cristo?" ¿Qué contribuyen estas preposiciones a nuestra comprensión del asunto?

La preposición *anti*

El significado fundamental de esta preposición es "en vez de/en lugar de/a cambio de". Esto queda claro en pasajes como los siguientes donde ocurre: "Arquelao reinaba en Judea en lugar de Herodes su padre" (Mateo 2:22); "No paguéis a nadie mal por mal" (Romanos 12:17); "Ojo por ojo, y diente por diente" (Mateo 5:38).

Cuando se emplea con respecto a la muerte de Cristo, es evidente que la palabra tiene este significado de sustitución. Sin embargo, aun cuando se encuentra *anti* veinte veces en el Nuevo Testamento, es sorprendente que ocurra sólo dos veces con respecto a la muerte de Jesús. Mateo 20:28 y Marcos 10:45 contienen el mismo dicho de Jesús de que el Hijo del Hombre vino "para dar su vida en rescate por [*anti*] muchos". En realidad, por lo tanto, hay sólo un caso en el Nuevo Testamento en que se emplea esta preposición para relacionar la muerte de Cristo con la humanidad.

La Septuaginta ilustra bien el significado substituidor de *anti* en el relato de la ofrenda de Isaac. El carnero que Abraham encontró trabado en el zarzal fue ofrecido "en lugar de su hijo" (Génesis 22:13).

La preposición *huper*: significado principal

El significado más corriente de esta preposición es "a beneficio de/por motivo de/de parte de". Muchos pasajes emplean la palabra al hablar del hecho de que Cristo se dio a sí mismo por nosotros (Tito 2:14; Efesios 5:2), por la iglesia (Efesios 5:25), por todos (1 Timoteo 2:6), por una persona individual (Gálatas 2:20). Los verbos empleados en esos pasajes son *didomi* (dar) o su forma compuesta *paradidomi* (rendir, entregar). Hablan de su muerte.

Otros pasajes pertinentes que contienen esta preposición dicen que Cristo sufrió "por nosotros" (1 Pedro 2:21), que murió "el justo por los injustos" (1 Pedro 3:18), que murió "por todos" (2 Corintios 5:14-15), y que fue hecho maldición "por nosotros" (Gálatas 3:13).

La preposición *huper*: otro significado

Léxicos y exegetas dignos de confianza dan a esta palabra un significado alternativo: "en lugar de/en vez de". Muchos pasajes confirman esto. La declaración del sumo sacerdote respecto a Jesús es importante: "Nos conviene que un hombre muera por [*huper*] el pueblo, y no que toda la nación perezca" (Juan 11:50). Y Pedro dijo: "También Cristo padeció una sola vez por los pecados, el justo por [*huper*] los injustos" (1 Pedro 3:18).

La declaración personal de Pablo en Romanos 9:3 implica un significado de sustitución para la preposición, a pesar de traducciones como: "Porque deseara yo mismo ser anatema, separado de Cristo, por amor a [*huper*] mis hermanos, los que son mis parientes según la carne." En mi opinión, Pablo deseaba que, si fuera posible, se trasladara a él la maldición bajo la cual vivían sus hermanos judíos. Este versículo es de cierta manera paralelo a Gálatas 3:13, que dice que "Cristo nos redimió de la maldición de la ley, hecho por [*huper*] nosotros maldición."

Hemos visto que el significado de *huper* es más inclusivo que el de *anti*. *Huper* puede significar "por motivo de" o "en lugar de", dependiendo del contexto. Sin embargo, los dos significados están tan estrechamente relacionados el uno con el otro cuando la Biblia la emplea con respecto a la muerte de Cristo que es difícil indicar un significado con exclusión del otro. Tal vez esta sea la razón por la que los escritores prefirieron *huper* más que *anti*, ya que el significado de aquel término es más inclusivo. Pero hay una cosa más.

Una expresión rara: *antilutron huper panton*

Esta frase, que se encuentra en 1 Timoteo 2:6, dice que Cristo se dio "en rescate por todos". *Antilutron*, una palabra poco frecuente, ocurre sólo en este lugar en toda la Biblia, incluyendo la Septuaginta. Es una palabra compuesta que consiste en *anti* (en lugar de) y *lutron* (rescate). La palabra *lutron* en sí quiere decir "rescate", pero al parecer Pablo empleó esta forma compuesta para subrayar la naturaleza substituidora del rescate. Después pone *huper panton*, "de parte de todos". En esta frase de tres palabras Pablo captó la esencia de la obra expiatoria de Cristo: ¡que fue en lugar de nosotros y a beneficio de nosotros! Donald Guthrie, en su comentario sobre las epístolas pastorales, dice de este pasaje: "Se forma el concepto de Cristo como 'precio de cambio' de parte de y en lugar de *todos*." Notamos que estas palabras de Pablo hacen eco de las de Jesús citadas anteriormente en el sentido de que Él vino para dar su vida "en rescate [*lutron*] por [*anti*] muchos".

Palabras finales

Este estudio se ha enfocado en preposiciones. Para los que creen en la inspiración verbal de las Escrituras, el estudio de palabras es importante (tomando la palabra *verbal* como la forma adjetiva de *palabra*). El concepto de la expiación debe incluir más que un estudio de palabras, pero esta enseñanza acerca de las preposiciones pertinentes es un hilo de datos que señala la naturaleza substituidora de la muerte de Cristo.

La historia del pensamiento cristiano muestra que a través de los siglos se ha argumentado a favor de muchas "teorías de la expiación", algunas de las cuales eran evidentemente erróneas, otras inadecuadas. Una comprensión válida de la obra expiatoria de Cristo debe incluir el concepto de que murió no sólo a beneficio de nosotros sino también en lugar de nosotros.

6

NO ME TOQUES . . . TÓCAME

Poco después de su resurrección, Jesús hizo dos declaraciones al parecer contradictorias: una a María Magdalena y la otra a Tomás. La mañana de su resurrección le advirtió a María que no lo tocara (Juan 20:17). Una semana después le desafió a Tomás a tocarlo (Juan 20:27).

El Nuevo Testamento emplea tres sinónimos griegos (*thingano*, *haptomai*, *pselafao*) que se pueden traducir simplemente como "tocar". A veces se emplean estas palabras de manera intercambiable, pero a veces se pretende hacer una distinción de significados. Por ejemplo, Colosenses 2:21 dice: "No manejes [*haptomai*], ni gustes, ni aun toques [*thingano*]." En este versículo el significado de *haptomai* es más fuerte que el de *thingano*. Se emplea *thingano* poco en el Nuevo Testamento (además de aquí, sólo en Hebreos 11:28; 12:20); no se encuentra en los dos pasajes en las que se basa este capítulo.

El verbo *haptomai*

La versión Reina-Valera da la respuesta de Jesús a María Magdalena como: "No me toques [*haptomai*]" (Juan 20:17). Esta traducción no es incorrecta, pero no comunica de manera adecuada el significado de lo que dijo Jesús. Por lo general, el verbo sugiere más que contacto superficial o casual. Por ejemplo, tanto en la Septuaginta como en el Nuevo Testamento se refiere a intimidad sexual (Génesis 20:6; 1 Corintios 7:1). En la Septuaginta se emplea en prohibiciones de tocar el árbol del conocimiento del bien y del mal (Génesis 3:3), el monte Sinaí (Éxodo 19:12), y objetos inmundos en sentido religioso, tales como el cuerpo muerto de un cerdo (Levítico 11:8), los cadáveres (Números 19:11), y los sepulcros (Números 19:16).

Haptomai es el verbo que de los tres se usa con más frecuencia.

Se encuentra treinta veces sólo en los evangelios sinópticos, principalmente en los relatos de los actos de sanidad de Jesús. Había personas que fueron sanadas cuando Él las tocó, tales como un leproso (Marcos 1:41), un sordo (Marcos 7:33) y ciegos (Mateo 9:29). Además, algunas personas fueron sanadas o esperaron ser sanadas como resultado de tocarlo a Él o su ropa (Marcos 3:10; 6:56). El ejemplo más notable es la mujer que había padecido una hemorragia por doce años, quien dijo: "Si tocare solamente su manto, seré salva" (Mateo 9:21). El relato paralelo en Lucas, sin embargo, enfatiza que el medio de la sanidad fue la fe de la mujer (8:48) y no el acto de tocar el manto de Jesús en sí.

"No me toques" (Juan 20:17, Reina-Valera)

Jesús no prohibió que María lo tocara; ella ya estaba en contacto con Él. *Haptomai* en este contexto quiere decir "tocar" (interlineal de Lacueva), "agarrar" (Biblia de las Américas), "soltar" (incluyendo el negativo: Reina-Valera Actualizada, Nueva Versión Internacional). María, en su euforia por ver a Jesús vivo, debe de haberlo abrazado o haberse asido de sus pies de tal manera que parecía que no quería volver a perderlo. La admonición negativa a María está en tiempo presente en griego, lo cual indica que ya sucedía la acción prohibida; se le dice que deje de hacerlo.

La razón que Jesús da para la prohibición es: "porque aún no he subido a mi Padre". En mi opinión, el griego no nos ayuda en este punto. La conjunción adverbial "porque" (*gar*) por lo general presenta la razón o causa de la acción de la cláusula principal, pero los exegetas más competentes difieren en cuanto a la conexión entre las dos cláusulas. Sin duda el significado no puede ser que el hecho de que María estaba asida de Jesús pudiera haber impedido su ascensión al Padre. Estoy de acuerdo con F. F. Bruce, en su comentario sobre el Evangelio según San Juan, donde dice que María "tendría que acostumbrarse a una situación nueva en que ya no sería posible verlo y tocarlo como anteriormente" (p. 390). En cambio, Jesús en su estado ascendido sería representado en la tierra por el Espíritu Santo, a quien no se podía enviar hasta que Jesús hubiera subido (Juan 16:7).

"Tóquenme" (Lucas 24:39, NVI)

Algunas traducciones importantes dan esta palabra como "tóquenme"; pero la Reina-Valera y la Biblia de las Américas dicen "palpad", palabra que expresa de manera más adecuada el significado del verbo *pselafao*. Este verbo ocurre cuatro veces en el Nuevo Testamento. El significado general de "tocar" se encuentra en Hebreos 12:18, que habla del monte Sinaí literal y físico "que se podía palpar" por contraste con el monte Sion espiritual del creyente (v. 22). En un pasaje Pablo habla de gentiles que podían buscar a Dios "palpándolo" (Hechos 17:27). Este significado ocurre con frecuencia en el Antiguo Testamento griego (por ejemplo, Deuteronomio 28:29; Job 5:14; 12:25; Isaías 59:10).

Los demás casos del verbo están en Lucas 24:39 y 1 Juan 1:1. En ambos versículos la traducción "palpar" va mejor en el contexto. Jesús le dijo a Tomás no sólo que lo "tocara", lo cual pudiera haber hecho de manera superficial, sino que pusiera el dedo en sus heridas y metiera la mano en su costado (Juan 20:27). El apóstol Juan, al contrarrestar la herejía gnóstica-docética que pretendía que el Hijo de Dios en realidad no tenía cuerpo físico, afirma que "palparon nuestras manos" la palabra de vida (1 Juan 1:1). Esta misma idea de "palpar" (que traduce *pselafao*) se encuentra en la Septuaginta en la conocida narrativa del engaño de Isaac por Jacob al obtener éste la bendición de su padre en lugar de Esaú. Jacob dice: "Quizá me palpará mi padre" (Génesis 27:12); Isaac dice: "Acércate ahora, y te palparé" (v. 21). Entonces el escritor dice que Isaac "palpó" a Jacob (v. 22).

Implicaciones teológicas

Este estudio de las declaraciones de Jesús a María Magdalena y a Tomás es más que un ejercicio intelectual o académico. Los dos relatos son una de las muchas indicaciones en la Biblia de la resurrección física y corpórea de Jesús. María se asió de Él; Tomás fue invitado a investigar sus heridas con el sentido del tacto.

A diferencia de explicaciones a veces dadas por teólogos liberales, Jesús en su estado resucitado tiene un cuerpo material que también está glorificado (Filipenses 3:21). Su declaración a los discípulos es decisiva: "Un espíritu no tiene carne ni huesos, como veis que yo tengo" (Lucas 24:39). La enseñanza de los Testigos de Jehová de que el cuerpo físico de Jesús se disolvió en gases y que cualquier "cuerpo" que tenga ahora es inmaterial, se opone abiertamente a las francas declaraciones de la Biblia.

Tal vez no comprendamos cabalmente todo aspecto de la naturaleza del cuerpo resucitado de Cristo, pero tenemos la seguridad de que participaremos de una transformación similar (Filipenses 3:20-21; 1 Corintios 15:42-43).

7

RÍOS DE AGUA VIVA

Los judíos celebraban la fiesta de los tabernáculos cada año temprano en el otoño. Sabemos que en cada uno de los siete días de la fiesta se tomaba agua del estanque de Siloé en un pichel de oro, se la llevaba al templo, y se la vertía en el altar de bronce. Se hacía esto en conmemoración del andar de Israel en el desierto, con énfasis particular en el agua que Dios había suministrado de manera milagrosa de la roca golpeada por Moisés.

> *En el último y gran día de la fiesta, Jesús se puso en pie y alzó la voz, diciendo: Si alguno tiene sed, venga a mí y beba. El que cree en mí, como dice la Escritura, de su interior correrán ríos de agua viva.*
>
> Juan 7:37-38

Hay que contestar dos preguntas relacionadas en cuanto al versículo 38: (1) ¿Dónde en el Antiguo Testamento se encuentra la cita bíblica? (2) ¿Del interior de *quién* correrán los ríos?

Una traducción alternativa

Tal vez venga una parte de la respuesta cambiando la puntuación de estos versículos y volviendo a traducirlos así:

> Si alguno tiene sed, venga a mí.
> Y beba el que cree en mí.
> Como dice la Escritura . . .

No hay puntuación en los manuscritos griegos más antiguos. Por consiguiente, el que estudia la Biblia no está obligado a aceptar la puntuación de un texto griego o de cualquier traducción, si cree que hay suficiente justificación para puntuarlo de una manera diferente. Se encuentra esta traducción alternativa en una nota de la Nueva Versión Internacional, y muchos exegetas competentes dan traducciones similares. De esa manera tendríamos en este pasaje una forma del paralelismo poético hebreo tan común en los Salmos.

La traducción sugerida elimina la necesidad de identificar el pronombre *su* ("su interior") con "el que cree en mí". Además, no hay ningún pasaje del Antiguo Testamento que diga que ríos de agua viva correrán *del* creyente. Muchos pasajes se refieren al agua espiritual que está disponible para creyentes (Isaías 44:3; 55:1; Joel 3:18; Zacarías 14:8), pero ninguno se parece a las palabras de Juan 7:38. El más parecido sería Isaías 58:11: "Y serás como huerto de riego, y como manantial de aguas, cuyas aguas nunca faltan." Ni siquiera la declaración de Jesús a la mujer samaritana incluye la idea de *de*: "El agua que yo le daré será en él una fuente de agua que salte para vida eterna" (Juan 4:14).

Tipología del Antiguo Testamento

El Evangelio según San Juan es famoso por su énfasis en el cumplimiento de la tipología del Antiguo Testamento. Jesús debe de haber tenido presente el mandamiento de Dios a Moisés: "Golpearás la peña, y saldrán *de* ella aguas, y beberá el pueblo" (Éxodo 17:6). Y en Deuteronomio 8:15 Moisés le dice al pueblo que el Señor "te sacó agua *de* la roca del pedernal". En esos dos pasajes la preposición hebrea *min* es el equivalente de la preposición griega *ek* que se encuentra en nuestro pasaje, y ambas quieren decir *de*. En la Septuaginta, se encuentra en estos versículos la misma palabra *ek*.

Otro pasaje pertinente del Antiguo Testamento es el Salmo 78:16:

> Pues sacó de la peña corrientes
> e hizo descender aguas como ríos.

Las palabras griegas para *río* y *agua* (*potamos* y *hudor*) en Juan 7:38 están en la traducción septuagintal de este pasaje de Salmos, y las palabras hebreas equivalentes (*nahar* y *may*) se encuentran en el texto hebreo.

La fuente del agua viva

Esta interpretación, que identifica a Jesús como la fuente de los ríos de agua viva, está justificada cuando consideramos con más cuidado Deuteronomio 8:15-16. Moisés se refiere a las experiencias de los israelitas en el desierto y menciona las serpientes ardientes, el agua de la roca y el maná. En el Evangelio según San Juan, Jesús se presenta como el cumplimiento tipológico de la serpiente de bronce (3:14), el maná (6:48), y la roca (7:37-38).

Además, Pablo dice de los israelitas en el desierto que "todos bebieron la misma bebida espiritual; porque bebían de la roca espiritual que los seguía, y la roca era Cristo" (1 Corintios 10:4).

Lo que vemos es que la cita en Juan 7:38 no viene de un solo pasaje del Antiguo Testamento, sino que es más bien una síntesis de ideas encontradas en varios lugares. Ayuda a comprender que a menudo lo que el Nuevo Testamento da como una cita del Antiguo Testamento no se ofrece como una versión literal sino más bien como una presentación precisa de la idea de un pasaje o más.

Esta interpretación de Juan 7:38 la confirma el versículo que sigue:

> *Esto dijo del Espíritu que habían de recibir los que creyesen en él; pues aún no había venido el Espíritu Santo, porque Jesús no había sido aún glorificado.*

Esto dice que los creyentes *recibirían* el Espíritu en vez de ser los de quienes fluye el Espíritu. Prácticamente todos los exegetas están de acuerdo en que la palabra *venido*, que no está en el texto griego, debe ser suplida por razones teológicas, ya que con toda seguridad Juan no está diciendo que el Espíritu Santo no existió antes de la glorificación de Jesús. Una vez más tenemos una indicación de que Jesucristo es la fuente de los ríos de agua viva para el creyente.

Otros pasajes del Antiguo Testamento no relacionados con la roca señalan al Señor como el origen de ríos de agua viva. Hablando en términos escatológicos, Zacarías 14:8 dice que "saldrán de Jerusalén aguas vivas". Ezequiel habla de un río de agua que desciende de debajo del umbral del templo milenario (47:1-12). Apocalipsis 22:1 resume este tema general cuando Juan dice que le mostraron "un río limpio de agua de vida, resplandeciente como cristal, que salía del trono de Dios y del Cordero".

Conclusión

A pesar del tema principal de este capítulo, nada debiera restar de la maravillosa promesa de Jesús de que Él le dará "agua viva" a quien pida, y que esta agua "será en él una fuente de agua que salte para vida eterna" (Juan 4:10, 14).

8

NACIDO DE NUEVO . . . DE ARRIBA

Una expresión favorita, tal vez la más preferida de muchos creyentes cuando hablan de la experiencia personal de la salvación, es "nacido de nuevo". Nuestro propósito es investigar tres términos distintos pero sinónimos en el Nuevo Testamento que comunican este significado, términos empleados, respectivamente, por Pedro, Pablo y Jesús. Debemos comprender, por supuesto, que el concepto es mucho más amplio que los términos específicos empleados para hablar de la experiencia.

La aportación de Pedro

Pedro emplea la palabra *anagennao* dos veces en su primera epístola. El verbo básico *gennao* significa "ser o llegar a ser el padre de; engendrar". Se emplea repetidas veces en la genealogía en Mateo 1. *Ana* es estrictamente una preposición cuyo significado original es "arriba, a lo largo de", pero cuando se usa como prefijo su significado usual es "de nuevo". Es paralelo al prefijo castellano "re-" en una palabra como "renacer".

Pedro habla en primer lugar de "el Dios y Padre de nuestro Señor Jesucristo, que según su grande misericordia nos hizo renacer para una esperanza viva por la resurrección de Jesucristo de los muertos" (1:3). La NVI dice: "Nos ha hecho nacer de nuevo." Hacemos dos observaciones importantes. En primer lugar, el origen del nuevo nacimiento es Dios, no el hombre. El apóstol Juan, como veremos más tarde, hace énfasis en eso en su Evangelio y epístolas. Dios no es sólo el Padre de Jesús; también es el Padre de todos aquellos a quienes ha engendrado. En segundo lugar, la resurrección de Jesús de los muertos es el medio por el cual (*dia*) tiene lugar este nuevo nacimiento. El mismo Dios que infundió vida en el cuerpo muerto de Jesús y lo transformó es el que da vida/nuevo nacimiento a los que están espiritualmente muertos (Efesios 2:1-5).

Pedro procede a decir: "Siendo renacidos, no de simiente [*spora*] corruptible, sino de incorruptible, por la palabra de Dios que vive y permanece para siempre" (1:23). Usando un sustantivo relacionado para simiente, Juan dice que la persona que ha nacido de Dios tiene la simiente (*sperma*) de Dios que permanece en él (1 Juan 3:9). Algunos prefieren relacionar *spora* con "la palabra de Dios que vive y permanece para siempre", sosteniendo que la simiente es la Palabra de Dios.

La aportación de Pedro a la comprensión del nuevo nacimiento, pues, es que es de origen divino y que es por medio de la resurrección de Jesús y también la Palabra de Dios.

La aportación de Pablo

Pablo afirma que Dios "nos salvó . . . por el lavamiento [*loutron*] de la regeneración [*palingenesia*] y por la renovación [*anakainosis*] en el Espíritu Santo" (Tito 3:5). *Loutron* se encuentra sólo una vez más en el Nuevo Testamento. En Efesios 5:26, Pablo dice que Cristo limpió la iglesia "en el lavamiento del agua por la palabra". Muchos ven en *loutron* una referencia al bautismo, pero es mejor relacionarlo con el efecto limpiador y regenerador de la Palabra de Dios (véase 1 Pedro 1:23; Juan 15:3). Además, en Santiago 1:18 leemos que Dios "nos hizo nacer [*apokueo*] por la palabra de verdad". En el versículo 15 se traduce el mismo verbo "da a luz".

La palabra para regeneración (*palingenesia*) es una combinación de *genesia* (celebración de cumpleaños; véase Mateo 14:6; Marcos 6:21) y el adverbio *palin* (de nuevo). La Versión Popular lo expresa "nacer de nuevo". ¡El hijo de Dios celebra dos cumpleaños!

El único otro caso de la palabra en el Nuevo Testamento viene de los labios de Jesús. En un contexto escatológico, Jesús habla de "la regeneración, cuando el Hijo del Hombre se siente en el trono de su gloria" (Mateo 19:28). La Versión Popular expresa la idea por la frase: "el tiempo en que todo sea renovado", y la Nueva Versión Internacional dice: "en la renovación de todas las cosas". Estas redacciones no son realmente traducciones, pero comunican adecuadamente la idea de la restauración de todas las cosas a su estado original. Pablo dice que al final Dios va a "reconciliar [*apokatallasso*] consigo todas las cosas" por medio de Cristo (Colosenses 1:20). Y Pedro habló de una "restauración [*apokatastasis*] de todas las cosas" (Hechos 3:21) al final de los siglos. Así como el creyente ha experimentado un nuevo nacimiento, nuestro mundo tendrá un "nuevo nacimiento". Es de interés que los estoicos empleaban el término *palingenesia* para denotar restauraciones del mundo después de su destrucción periódica por fuego.

En Tito 3:5 Pablo habla también de "la renovación [*anakainosis*] en el Espíritu Santo". Este es otro modo de denominar el nuevo nacimiento, con énfasis en el papel del Espíritu. El sustantivo ocurre una vez más en un pasaje muy conocido: "transformaos [seguid siendo transformados] por medio de la renovación de vuestro entendimiento" (Romanos 12:2).

Pablo habla de una obra continua de renovación en varios otros pasajes. Empleando *anakainoo*, la forma verbal de *anakainosis*, dice que "el [hombre] interior . . . se renueva de día en día" (2 Corintios 4:16) y que "el viejo hombre . . . conforme a la imagen del que lo creó se va renovando hasta el conocimiento pleno" (Colosenses 3:10). *Ananeoomai*, un sinónimo, se encuentra en este consejo a los creyentes: "Renovaos [seguid siendo renovados] en el espíritu de vuestra mente" (Efesios 4:23).

La aportación de Jesús

El pasaje clásico en cuanto al nuevo nacimiento es Juan 3:3-8. Dos veces Jesús habla de "nacer *anothen*" (vv. 3, 7). Para nuestros fines, la palabra *anothen* tiene dos significados aceptables. Uno es de índole direccional: "de arriba". El otro es de naturaleza numérica: "otra vez, de nuevo". ¿En qué significado pensaba Jesús? La respuesta de Nicodemo preguntando si un hombre "puede acaso entrar por segunda vez en el vientre de su madre, y nacer" (v. 4) indica que él entendió que Jesús quería decir "nacer *de nuevo*". Pero la respuesta de Jesús pone énfasis en nacer *de arriba*, es decir, del Espíritu (vv. 5-8). Hay varios pasajes que resaltan esto al hablar de nacer de Dios (por ejemplo, Juan 1:13; 1 Juan 3:9; 4:7; 5:1, 4).

La mayoría de los casos de *anothen* en el Nuevo Testamento tiene el significado "de arriba" (por ejemplo, Juan 3:31; 19:11, 23; Santiago 1:17; 3:15, 17). En sólo un pasaje (Gálatas 4:9) significa claramente "de nuevo". La palabra que se emplea comúnmente para "de nuevo" es *palin*, no *anothen*.

No estamos obligados a escoger un significado con exclusión del otro. Es evidente del contexto que se pueden aplicar los dos significados. Eso es especialmente verdadero cuando cotejamos todos los pasajes del Nuevo Testamento sobre el tema. Es del todo correcto decir que hemos "nacido de nuevo de arriba".

9

REDENCIÓN (PARTE 1)

La redención: una de las maravillosas maneras en que las Escrituras representan la gran obra de Dios de la salvación. Este capítulo resume la enseñanza del Nuevo Testamento sobre este gran concepto soteriológico.

La redención incorpora dos énfasis complementarios: liberación de esclavitud y el pago de un precio por esa liberación. Cada uno de los dos grupos de palabras pertinentes en el Nuevo Testamento contiene este doble énfasis.

La liberación del cautiverio

Este concepto lo capta especialmente la familia de palabras derivadas de la raíz griega *lu-*, que quiere decir "soltar, libertar, poner en libertad". Por lo general se traduce el sustantivo *apolutrosis* como "redención". La etimología de la palabra sugiere "liberación de". ¿De qué? Pablo dice que la redención es "el perdón de pecados" (Colosenses 1:14; Efesios 1:7). En Tito 2:14 dice que Cristo "se dio a sí mismo por nosotros para redimirnos [*lutroo*] de toda iniquidad". Hebreos 9:15, de modo similar, habla de "la remisión de las transgresiones que había bajo el primer pacto". Pedro recuerda a sus lectores: "fuisteis rescatados [*lutroo*] de vuestra vana manera de vivir, la cual recibisteis de vuestros padres" (1 Pedro 1:18). La redención, por lo tanto, es liberación de la esclavitud del pecado.

De importancia especial son las palabras de Jesús cuando dijo que vino "para dar su vida en rescate [*lutron*] por [*anti*: en lugar de] muchos" (Mateo 20:28; Marcos 10:45). Se puede traducir el sustantivo griego "precio de liberación". El precio de rescate es la muerte de Cristo de parte de los pecadores y en lugar de ellos. Se identifica este suceso como "redención por [*dia*: mediante] su sangre" (Efesios 1:7). De la misma manera, Pedro dice que somos redimidos "con [caso instrumental: mediante] la sangre preciosa de Cristo, como de un cordero sin mancha y sin contaminación" (1 Pedro 1:18-19). Además, Apocalipsis 1:5 nos dice que Cristo "nos ha librado [*luo*] de nuestros pecados con su sangre" (NVI).

Tal vez la palabra más insólita y de mayor importancia teológica construida de la base *lu-* se encuentra en la declaración de Pablo de que Cristo "se dio a sí mismo en rescate [*antilutron*] por todos" (1 Timoteo 2:6). La palabra es una combinación de *lutron* (rescate) y *anti* (en lugar de, en vez de). Tal como en Mateo 20:28 y Marcos 10:45, este versículo habla claramente de la naturaleza substituidora de la muerte de Cristo. Su muerte — el derramamiento de su sangre — fue el precio de rescate necesario para libertar a los seres humanos de la esclavitud al pecado.

Tal vez no sea significativo, sin embargo es interesante, que el Nuevo Testamento no emplea la palabra para redentor (*lutrotes*) para describir a Cristo. El único caso de esta palabra está en Hechos 7:35, donde Esteban se refiere a Moisés como aquel a quien "envió Dios como gobernante y libertador [*lutrotes*]". Aunque no se da el título de Redentor a Cristo en el Nuevo Testamento, con toda seguridad es apropiado en vista de su obra redentora. Además, Él es por supuesto el que es mayor que Moisés y que redime a su pueblo de su propio Egipto de esclavitud al pecado.

La transacción

El concepto de una transacción lo captan especialmente dos verbos relacionados con *agora* 'mercado'. Debemos representarnos la *agora* de una comunidad griega, la cual a menudo tenía un mercado de esclavos.

El primero de los verbos, *agorazo*, fue la palabra común para "comprar". De manera significativa a la luz de la metáfora del puesto de venta de esclavos, Pablo recuerda a sus lectores al hablar de la pureza sexual y corporal: "Porque habéis sido comprados [*agorazo*] por precio; glorificad, pues, a Dios en vuestro cuerpo" (1 Corintios 6:20). Hace eco de la primera cláusula en el capítulo siguiente en una amonestación que advierte contra hacerse esclavos de hombres en vez de esclavos de Cristo (1 Corintios 7:23).

Pedro habla de falsos maestros que "aun negarán al Señor que los rescató" (2 Pedro 2:1). Y Juan escribe de los cuatro seres vivientes y los veinticuatro ancianos que en el cielo cantan al Cordero: "Tú fuiste inmolado, y con tu sangre nos has redimido para Dios, de todo linaje y lengua y pueblo y nación" (Apocalipsis 5:9).

El segundo verbo relacionado con *agora* es *exagorazo*, que quiere decir "redimo" o, literalmente, "vuelvo a comprar". Ocurre sólo dos veces en el Nuevo Testamento. Gálatas 3:13 dice: "Cristo nos redimió de la maldición de la ley, hecho por nosotros maldición." Una vez más, vemos que el precio de la redención es la muerte de Cristo, que fue de naturaleza substituidora (véase también 2 Corintios 5:21). En el capítulo siguiente, Pablo declara que la encarnación tuvo lugar a fin de que Cristo "redimiese a los que estaban bajo la ley" (Gálatas 4:5). Paradójicamente, los que antes estábamos en esclavitud (v. 3) hemos sido comprados, no para volver a ser esclavos, sino para ser hijos de Dios (vv. 5-7). Eso no excluye nuestra esclavitud voluntaria a Él, de la cual hay amplias pruebas en el Nuevo Testamento, pero destaca el cambio espectacular en la condición del creyente de esclavo a hijo de Dios.

Redención escatológica

Aunque la redención es una realidad presente, tres pasajes también la relacionan con los postreros tiempos. Este es un ejemplo de lo que se puede llamar el aspecto "ya - todavía no" de nuestra salvación. Efectivamente, se habla de nuestra redención como un suceso pasado y presente. Hemos sido redimidos y estamos actualmente redimidos; pero todavía no se ha completado nuestra redención. Será consumada en el momento en que regrese Jesús.

Jesús, al hablar de los acontecimientos de los postreros tiempos, dijo: "Cuando estas cosas comiencen a suceder, erguíos y levantad vuestra cabeza, porque vuestra redención [*apolutrosis*] está cerca" (Lucas 21:28). Pablo también pone la redención en un contexto escatológico. Dice que los cristianos estamos "esperando la adopción, la redención [*apolutrosis*] de nuestro cuerpo" (Romanos 8:23; véanse también Filipenses 3:20-21; 1 Corintios 15:51-53; 1 Juan 3:2). ¡La redención es tanto física como espiritual!

En Efesios 4:30 Pablo habla del Espíritu Santo "con el cual fuisteis sellados para el día de la redención [*apolutrosis*]". Junto con esto ponemos Efesios 1:13-14, donde habla de la posesión actual del Espíritu Santo por los creyentes como "las arras de nuestra herencia hasta la redención [*apolutrosis*] de la posesión adquirida."

Es interesante que Israel hablara de la venida del Mesías desde el punto de vista de la redención. Los desdichados discípulos en el

10

REDENCIÓN (PARTE 2)

El capítulo anterior trató del concepto neotestamentario de la redención. Ya que el Nuevo Testamento está firmemente arraigado en el Antiguo Testamento, será de ayuda investigar los antecedentes de este gran tema soteriológico en el Antiguo Testamento. Veremos el mismo énfasis doble — liberación de esclavitud y el pago de un precio — así como algunos otros énfasis inspiradores.

Este capítulo trata principalmente de dos grupos de palabras hebreas que se encuentran a lo largo del Antiguo Testamento; las formas radicales de los verbos son *padah* y *ga'al*. En la Septuaginta se traduce cada una de estas palabras más de cuarenta veces por la palabra *lutroo*, que en el Nuevo Testamento regularmente comunica las ideas "redimir" o "pagar el precio de rescate". En vez de dar variantes específicas de las dos palabras hebreas, me referiré a ellas por sus radicales triliterales hebreas: *pdh* y *g'l*. La única excepción será la forma participial muy significativa *go'el* 'redentor, el que redime'.

La idea de pago como sustituto

El significado fundamental de *pdh* es 'rescatar o liberar mediante el pago de un precio'. Se emplea para la redención del primogénito, ya sea de un hombre o de una bestia (por ejemplo, Éxodo 13:13, 15; Números 18:15-17). Se podía hacer el pago mediante un sacrificio animal (Éxodo 34:20) o con dinero (Números 3:46-51).

Esto recuerda de inmediato el sacrificio de Cristo, el Cordero pascual, pues nos acordamos de que el perdón/redención del primogénito en el tiempo del éxodo dependía del sacrificio de un cordero

(Éxodo 13:15; véanse 1 Corintios 5:7; Marcos 10:45; 1 Timoteo 2:6). También sugiere, como nos dice Pedro, que fuimos "rescatados [*lutroo*] . . . no con cosas corruptibles, como oro o plata, sino con la sangre preciosa de Cristo, como de un cordero sin mancha y sin contaminación" (1 Pedro 1:18-19).

G'l en su forma sustantivada (*ge'ullah*) es empleada a menudo como el precio de redención, especialmente como se aplica a lo que paga un pariente para redimir/vengar la sangre de una víctima asesinada (Números 35:19, 21, 24, 25, 27) o para redimir una posesión de la familia que se había vendido (Levítico 27:13, 15, 19-20, 31; Josué 20:3, 5). Se considerará posteriormente su implicación soteriológica más significativa. Vemos por lo tanto que el pago de un precio incorporaba la idea de que era un sustituto para la persona o animal que se había de liberar.

La idea de la liberación

Se destaca la redención desde el punto de vista de liberación en muchos pasajes donde se representa a Dios como el Redentor/Libertador de su pueblo. En cuanto a esto se emplean nuestras dos palabras de manera intercambiable. Por ejemplo, se emplea *pdh* al hablar de la redención de Israel de la esclavitud egipcia: "Y te acordarás de que fuiste siervo en la tierra de Egipto, y que Jehová tu Dios te rescató" (Deuteronomio 15:15; también 7:8; 9:26; 21:8; 24:18). Se emplea *g'l* con frecuencia en pasajes que tratan de la redención por Dios de su pueblo del cautiverio babilónico. Por ejemplo: "Salid de Babilonia, huid de entre los caldeos; dad nuevas de esto con voz de alegría, publicadlo, llevadlo hasta lo postrero de la tierra; decid: Redimió Jehová a Jacob su siervo" (Isaías 48:20; véanse también Isaías 43:1; 44:22-23; Salmo 107:2).

Dios como pariente-redentor

El uso más significativo de nuestras palabras hebreas, y especialmente *g'l*, está relacionado con el concepto veterotestamentario del pariente-redentor y su aplicación neotestamentaria. Por contraste con *pdh*, que se emplea al hablar de la redención en un sentido más general, *g'l* es a menudo el acto de redención llevado a cabo por un pariente cercano. Este fue un concepto en el derecho familiar bíblico. Una autoridad sugiere que el significado primario de la palabra es "reanudar una reclamación o derecho que ha caducado, recuperar".

Un uso del término tiene que ver con un pariente que venga la honra familiar, a menudo en el papel de vengador de la sangre

(Números 35:19, 21, 24, 25, 27; Deuteronomio 19:6, 12). Es evidente que la palabra implica una fuerte obligación familiar. El *go'el* también pudiera tener la obligación de comprar/redimir a un pariente del cautiverio (Levítico 25:48-49), o de recuperar el campo de un pariente (Levítico 25:26, 33; Rut 4:4, 6). De esta manera vemos dos ideas importantes que emergen del uso de *g'l* en el Antiguo Testamento: en primer lugar la de obligación familiar, y en segundo lugar la del pago de un precio.

El libro de Rut es el estudio típico de este concepto del pariente-redentor, especialmente en su aspecto mesiánico. Booz, como pariente de Rut, compra/redime un campo de la mano de Noemí (4:5). La compra del campo y la resultante liberación de Rut y Noemí de la miseria, son características indispensables de esta representación de la redención. Debe resultar fácil ver el significado mesiánico de esto. Debemos tener cuidado de no aplicar la tipología al Antiguo Testamento sin restricción, pero me es claro que en Booz, que era un antepasado de Cristo, tenemos una prefiguración de el que se volvió nuestro Pariente-Redentor.

Varios pasajes apropiados del Nuevo Testamento son aplicables. Recordamos, ante todo, que el eterno Logos fue hecho carne (Juan 1:14). Su propósito al hacerse carne se da en Hebreos 2:17: "Debía ser en todo semejante a sus hermanos . . . para expiar los pecados del pueblo." ¡Se convirtió en nuestro Pariente mediante la encarnación a fin de que pudiera ser nuestro Pariente-Redentor!

Hebreos 2:14 desarrolla esta idea: "Así que, por cuanto los hijos participaron de carne y sangre, él también participó de lo mismo, para destruir por medio de la muerte al que tenía el imperio de la muerte, esto es, al diablo." La redención incluye el triunfo final del creyente sobre la muerte — la resurrección — que Pablo llama "la redención [*apolutrosis*] de nuestro cuerpo" (Romanos 8:23). Qué apropiado que aun Job hable de este tema cuando dice: "Yo sé que mi Redentor [*go'el*] vive, y al fin se levantará sobre el polvo; y después de deshecha esta mi piel, en mi carne he de ver a Dios" (Job 19:25-26).

11

PROPICIACIÓN

P*ropiciación*: una palabra teológica que uno no escucha con frecuencia. Su significado (¡y a veces su pronunciación!) se les escapan a algunas personas. Sin embargo, es un gran término bíblico completamente empapado de maravillosa verdad. Esta palabra *hilasmos* y sus cognados *hilasterion*, *hilaskomai*, e *hileos* se encuentran a lo largo del Nuevo Testamento y en pasajes clave de la Septuaginta. El equivalente hebreo (*kafar* y sus cognados) ocurre en muchos pasajes significativos del Antiguo Testamento.

Expiación y propiciación

Las distintas versiones de la Biblia difieren en su traducción de estas palabras. En el Nuevo Testamento, donde se emplean con respecto a la muerte de Cristo (Romanos 3:25; Hebreos 2:17; 8:12; 1 Juan 2:2; 4:10), algunas versiones las traducen "propiciación", mientras que otras emplean "expiación". ¿Hay una diferencia significativa?

"Expiar" se refiere a un cambio en el que hace la ofrenda o el sacrificio. "Propiciar" significa aplacar, apaciguar o pacificar; implica un cambio en aquel a quien se hace la ofrenda o el sacrificio. Las personas son propiciadas; las cosas o los hechos son expiados. En las Escrituras, Dios es propiciado; los pecados son expiados.

¿Tenemos que escoger entre los dos? Un examen de los pasajes bíblicos pertinentes muestra que la muerte de Jesús sí expió los pecados de la humanidad. Juan dice que Cristo es "la propiciación [*hilasmos*] por nuestros pecados" (1 Juan 2:2), y además de eso: "En esto consiste el amor: no en que nosotros hayamos amado a Dios, sino en que él nos amó a nosotros, y envió a su Hijo en propiciación [*hilasmos*] por nuestros pecados" (1 Juan 4:10). Es importante notar la relación entre el amor de Dios y la muerte propiciatoria de Cristo.

La idea de apaciguamiento

Algunas personas se oponen a la traducción *propiciación* o *propiciar* arguyendo que este concepto de aplacar o apaciguar a un Dios airado es de origen pagano, ya que las deidades paganas con frecuencia exigían sacrificios para evitar su ira. Sin embargo, hay que hacer dos observaciones importantes: (1) la Biblia sí habla a menudo de la ira de Dios; y (2) la ira o el enojo de Dios no es lo mismo que el de los dioses paganos. En el paganismo, es el hombre el que ofrece sacrificio a su dios a fin de apaciguarlo. En el Nuevo Testamento tenemos la gloriosa verdad de que Dios mismo, la parte ofendida, ha provisto el sacrificio, la propiciación, por nuestros pecados. Eso, tal como vimos en 1 Juan 4:10, fue motivado por su amor por la raza humana.

Los que se oponen al concepto de propiciación o apaciguamiento y prefieren pensar sólo en lo que trata de la expiación todavía deben responder a una pregunta importante: "¿*Por qué* hay que expiar los pecados?" La respuesta está en el hecho de que Dios, que es santo, tiene que castigar el pecado. En el Antiguo Testamento, el contexto de la mayoría de los pasajes en que ocurren nuestras palabras indica claramente la idea de apaciguamiento o evitar la ira de Dios. He aquí dos ejemplos de la Septuaginta: "Pero él, misericordioso, perdonaba [*hilaskomai*] la maldad, y no los destruía; y apartó muchas veces su ira, y no despertó todo su enojo" (Salmo 78:38). "Entonces Jehová se arrepintió [*hilaskomai*] del mal que dijo que había de hacer a su pueblo" (Éxodo 32:14). Se puede traducir el verbo en esos versículos "ser propicio", tal como aparece en la oración del publicano: "Dios, sé propicio a mí, pecador" (Lucas 18:13).

El propiciatorio

La palabra *hilasterion* ocurre dos veces en el Nuevo Testamento. En Hebreos 9:5 el escritor, hablando del arca del pacto en el lugar santísimo, dice: "Y sobre ella los querubines de gloria que cubrían el propiciatorio [*hilasterion*]". Sobre el propiciatorio en el día de expiación (*yom hakkippurim*), el sumo sacerdote ofrecía sacrificio por los pecados del pueblo (Levítico 23:27-28; 25:9). A este día se le llamaba a menudo Yom Kippur. El cumplimiento tipológico, por supuesto, es Jesús, quien fue "en todo semejante a sus hermanos, para venir a ser misericordioso y fiel sumo sacerdote en lo que a Dios se refiere, para expiar [*hilaskesthai*] los pecados del pueblo" (Hebreos 2:17).

El segundo caso de *hilasterion* en el Nuevo Testamento está en Romanos 3:25. En uno de los más grandes pasajes soteriológicos de las Escrituras (Romanos 3:21-26), Pablo habla de ser justificado mediante la redención que es en Cristo Jesús, "a quien Dios puso como propiciación por medio de la fe en su sangre". ¡Jesús es tanto el sumo sacerdote que hace propiciación (Hebreos 2:17) como el sacrificio propiciatorio mismo (Romanos 3:25)! O para decirlo de otra manera, ¡Jesús es nuestro propiciatorio!

Un punto de vista inclusivo

El pasaje de Romanos 3 destaca los dos aspectos complementarios de Dios que vimos en 1 Juan 4:10, que nos dice que el amor de Dios por nosotros lo motivó a enviar a su Hijo para ser la propiciación por nuestros pecados. Su amor y su ira se encuentran en la cruz y son demostrados en ella. En Romanos 3:26 Pablo dice que se demuestra la justicia de Dios por la propiciatoria muerte de Cristo, "a fin de que él sea el justo, y el que justifica al que es de la fe de Jesús". Su justicia requería la satisfacción de los pecados, lo cual tuvo lugar en Calvario. Puesto que Él ha sido propiciado, puede ser el que justifica al creyente.

Debemos apreciar ambos aspectos de nuestro grupo de palabras. Es seguro que nos hablan de la expiación: perdón y purificación. Pero también deben incluir la idea de propiciación: el evitar la ira divina. Una opinión defectuosa o insuficiente del pecado da por resultado una comprensión distorsionada de Dios. A menos que se reconozca el pecado como una ofensa contra un Dios santo, se tenderá a hablar sólo desde el punto de vista de la expiación en vez de la propiciación. La idea de propiciación con toda seguridad incluye la de expiación. Sin embargo, la idea de expiación no incluye necesariamente la de propiciación.

12

RECONCILIACIÓN

¡Dios y pecadores reconciliados!" Cantamos de la reconciliación todas las Navidades, pero después el concepto parece desvanecerse por otro año. Sin embargo, es uno de los grandes temas soteriológicos del Nuevo Testamento.

Hechos lingüísticos

La base del concepto es el verbo griego *allasso*, que quiere decir "cambiar, modificar" y aun "intercambiar". En pasajes clave del Nuevo Testamento que tratan de la salvación, entra en compuestos con prefijos preposicionales para formar *katallasso/katallage* y *apokatallasso*. Estas palabras mantienen el significado original, y lo aplican al cambio que tiene lugar entre Dios y el hombre como resultado de la obra redentora de Cristo. Se encuentra el primer término en Romanos 5:10-11 y 2 Corintios 5:18-19; el segundo término se encuentra en Efesios 2:16 y Colosenses 1:20.

La necesidad de reconciliación

El punto de partida es una definición básica de la palabra *reconciliar*: restablecer amistad o armonía. Los términos antitéticos "enemistad" (*ejthra*) y "paz" (*eirene*) captan la esencia de la reconciliación al presentar sus aspectos de "antes y después". Romanos 5:10 dice que "siendo enemigos [de Dios], fuimos reconciliados con Dios por la muerte de su Hijo". Antes y después del párrafo en que ocurre esta declaración hay los pensamientos: "tenemos paz para con Dios" (v. 1) y: "hemos recibido ahora la reconciliación" por medio del Señor Jesucristo (v. 11). Las dos ideas se encuentran también en Efesios 2:14-16, que habla de enemistad (entre judío y gentil, y entre el hombre y Dios) y de paz por medio de Cristo, que es "nuestra paz" (v. 14).

El concepto de reconciliación es por lo tanto necesario debido a la rebelión de los seres humanos contra Dios, la cual resulta en un estado de discordia, hostilidad y enemistad.

La iniciativa divina

La paradoja, la maravilla, de la reconciliación es que Dios, la parte ofendida, tomó la iniciativa para restablecer la armonía entre Él y el hombre. La propiciación, considerada en un capítulo anterior, está entretejida con este aspecto de la reconciliación. La ira de Dios, que hay que evitar, es un aspecto indispensable de la salvación. Tal como en la propiciación, así también en la reconciliación: Dios en amor dio el primer paso en el proceso de reconciliación (Romanos 5:8). Dios "nos reconcilió consigo mismo por Cristo"; "estaba en Cristo reconciliando consigo al mundo" (2 Corintios 5:18-19).

Un ejemplo bíblico que trata de las relaciones entre personas ilustra la idea de la parte ofendida que toma la iniciativa para producir una reconciliación. Jesús dijo: "Si . . . tu hermano tiene algo contra ti . . . anda, reconcíliate [*dialassomai*] primero con tu hermano, y entonces ven y presenta tu ofrenda" (Mateo 5:23-24). Lo que el Señor exige de nosotros cuando somos la parte ofendida, ¡Él mismo ha hecho al dar el primer paso en el proceso de reconciliación!

El modo divino de reconciliación

Hemos sido reconciliados con Dios "por la muerte de su Hijo" (Romanos 5:10). Esto está vinculado con ser "justificados en su sangre" y ser "salvos de la ira" de Dios por Él (v. 9). Desde el punto de vista divino, la causa de la hostilidad entre Dios y el hombre ha sido quitada por la muerte propiciatoria de Cristo. En el contexto del pasaje del Nuevo Testamento que es más importante para este tema, Pablo dice que Dios "por nosotros lo hizo pecado [a Cristo], para que nosotros fuésemos hechos justicia de Dios en él" (2 Corintios 5:21).

En este punto notamos un elemento importante en mucho de la enseñanza de Pablo: su empleo de los modos indicativo e imperativo al hablar de la provisión de Dios para nosotros. En otras palabras: Dios ha provisto reconciliación (modo indicativo); se nos ordena aceptarla (modo imperativo). Dios reconcilió a la raza humana consigo en Cristo (2 Corintios 5:18-19). Pero la reconciliación no es automática; tiene que haber una respuesta de parte del hombre. De otra manera tendríamos que sacar la consecuencia de que todas las personas son reconciliadas con Dios sin que tengan que responder en absoluto. Por consiguiente, a la luz de lo que Dios ya ha hecho, se nos ordena: "Reconciliaos con Dios" (2 Corintios 5:20).

El resultado de la reconciliación

El resultado obvio de la reconciliación es que se quita la relación hostil entre Dios y el hombre; ya no hay enemistad sino armonía. Como ya se notó, se capta esto en la palabra "paz", pues mediante la cruz Dios ha dado muerte a la enemistad que existió entre Él y el hombre. Sin embargo, se tiene que entender que la paz es más que la cesación de hostilidad. Debemos verla a la luz de su equivalente en el Antiguo Testamento: *shalom*. *Shalom* quiere decir "paz", pero también incluye las ideas de integridad y bienestar. Por ejemplo, en Génesis 37:14 quiere decir "bienestar".

La dimensión cósmica de la reconciliación

En Colosenses 1:22 Pablo habla de reconciliación personal entre Dios y el hombre, pero en el versículo 20 dice que por medio de Cristo el Padre tenía el propósito de "reconciliar [*apokatallasso*] consigo todas la cosas, así las que están en la tierra como las que están en los cielos". Eso se refiere a la restauración final de nuestro mundo a su estado original de armonía, ya que en la actualidad hay mucha discordia como consecuencia del pecado de Adán y Eva (Génesis 3:17-19). Pablo se refiere a eso como el momento en que toda la creación será liberada de la esclavitud (Romanos 8:19-22; véanse también 2 Pedro 3:13; Apocalipsis 21:1). Pedro se refirió a ese tiempo como "los tiempos de la restauración [*apokatastasis*] de todas las cosas" (Hechos 3:21). Jesús habló de: "la regeneración [*palingenesia*—renacimiento] cuando el Hijo del Hombre se siente en el trono de su gloria" (Mateo 19:28).

Cristo, como el postrer Adán, vino a deshacer todo el mal que el primer Adán trajo al mundo, ¡tanto a la raza como al resto de la creación!

El mensaje y el mensajero de reconciliación

Dios ha encomendado a los creyentes el ministerio (*diakonia*) y la palabra (*logos*) de reconciliación (2 Corintios 5:18-19). Pablo presenta esto en forma gráfica cuando dice: "somos embajadores [*presbeuomen*] en nombre de [*huper*: de parte de] Cristo" (v. 20). Aplica el término "embajador" a sí mismo en Efesios 6:20.

La imagen del embajador es especialmente instructiva ya que un embajador es un enviado o representante oficial de su gobierno; una de sus funciones es establecer o promover la paz entre su gobierno y el gobierno al cual se le envía. Qué figura más digna del ministerio al cual Dios nos ha llamado. Lo representamos ante el mundo, ¡y nuestro mensaje es que ofrece paz a los que están dispuestos a aceptarla!

13

La Posesión Preciada de Dios

De Jehová es la tierra y su plenitud; el mundo, y los que en él habitan" (Salmo 24:1). ¿Y qué de los millares de animales en los collados que le pertenecen? (Salmo 50:10)? Sin embargo, de todas las posesiones de Dios, hay una que precia mucho más que todas las demás.

Antecedentes en el Antiguo Testamento

Se capta este concepto de la posesión especial de Dios en dos palabras poco usuales empleadas en el Nuevo Testamento: *peripoiesis* (1 Pedro 2:9) y *periousios* (Tito 2:14).

Primera de Pedro 2:9 se refiere a la iglesia como "linaje escogido, real sacerdocio, nación santa, pueblo adquirido por Dios [*laos eis peripoiesin*]". Tito 2:14 habla de la iglesia como "un pueblo propio [*laon periousion*] [de Cristo]".

Estas dos expresiones tienen raíces profundas en el Antiguo Testamento. En la Septuaginta se le llama a Israel *laos periousios* (Éxodo 19:5; Deuteronomio 7:6; 14:2; 26:18). *Periousios* es un adjetivo que en un sentido general quiere decir "escogido" o "especial" pero que, como veremos, tiene un significado mucho más profundo. Una palabra cognada ocurre en el Salmo 135:4, que dice: "Porque JAH ha escogido a Jacob para sí, a Israel por posesión suya [*periousiasmos*]."

Peripoiesis en la Septuaginta ocurre en Malaquías 3:17, que dice: "Y serán para mí especial tesoro [*peripoiesin*], ha dicho Jehová de los ejércitos, en el día en que yo actúe." La forma verbal ocurre en Isaías

43:21: "Este pueblo he creado para mí [*peripoiesamen*]; mis alabanzas publicará." Una traducción mejor diría: "he adquirido para mí".

El significado especial de estos grupos de palabras se encuentra en su equivalente hebreo en el Antiguo Testamento: *segullah*. Se encuentra en Éxodo 19:5; Deuteronomio 7:6; 14:2; 26:18; 1 Crónicas 29:3; Salmos 135:4; Eclesiastés 2:8; Malaquías 3:17. Su significado fundamental es el de posesión o propiedad, pero según especialistas competentes, tiene un significado más intensivo, con traducciones como "tesoro especial, propiedad preciada, rico tesoro, posesión costosa". En su uso secular, se refiere al "tesoro" de oro y plata que David contribuyó al templo (1 Crónicas 29:3-4) y a los "tesoros preciados de reyes y de provincias" (Eclesiastés 2:8). En ambos casos hay la idea de riquezas superabundantes.

Este, pues, es el significado de referirse en primer lugar a Israel como el tesoro especial de Dios, y después a la iglesia como lo mismo. Para ambos se emplea lenguaje idéntico. Según el Nuevo Testamento, la iglesia ahora tiene el lugar de preeminencia en el corazón de Dios. Somos, en las palabras de un escritor, "el pueblo que constituye la joya real de Dios".

El precio de compra

El medio y el precio por los cuales Dios ha adquirido este tesoro son explicados con toda claridad en el Nuevo Testamento. El apóstol Pablo, en su exhortación de despedida a los ancianos efesios, les dijo que miraran "por todo el rebaño en que el Espíritu Santo os ha puesto por obispos, para apacentar la iglesia del Señor, la cual él ganó [*peripoiesato*] por su propia sangre [literalmente, la sangre de lo suyo]" (Hechos 20:28). La solemne responsabilidad de los dirigentes de la iglesia es cuidar bien el tesoro de Dios, su pueblo, el cual Él les ha confiado.

Somos la posesión preciada de Dios por el enorme precio que pagó para adquirirnos: el sacrificio de su Hijo. Estas ideas se entrelazan con el gran tema neotestamentario de la redención, que supone el pago de un precio de compra. Pedro nos dice: "Fuisteis rescatados . . . no con cosas corruptibles, como oro o plata, sino con la sangre preciosa de Cristo, como de un cordero sin mancha y sin contaminación" (1 Pedro 1:18-19).

Estas ideas vinculadas de redención y el tesoro especial de Dios están en uno de nuestros versículos clave que dice que Cristo "se dio a sí mismo por nosotros para redimirnos de toda iniquidad y purificar para sí un pueblo propio [*laon periousion*], celoso de buenas obras"

(Tito 2:14). Se les pone en una relación muy estrecha en Efesios 1:14, que habla de la redención del tesoro especial (*peripoiesis*) de Dios. Esta es una referencia escatológica que señala la fase final de la redención que Pablo llama "la redención de nuestro cuerpo" (Romanos 8:23). En aquel momento la posesión preciada de Dios estará con Él para siempre.

El desafío

Esta posición exaltada de ser el tesoro especial de Dios acarrea unas responsabilidades importantes. Se espera que proclamemos las excelencias de Aquel que nos llamó de las tinieblas a su luz admirable (1 Pedro 2:9). Debemos ser "celoso[s] de buenas obras" (Tito 2:14). De la misma manera que Israel, el pueblo preciado de Dios en el Antiguo Testamento, fue llamado a dar testimonio en su mundo, así también se llama a la iglesia, la *peripoiesis* de Dios, a dar testimonio en el mundo nuestro.

14

¿QUIÉN ESTÁ UNGIDO?

El tema de unción siempre ha sido de mucho interés. En este capítulo veremos a Aquel que es el Ungido de Dios por excelencia, y entonces estableceremos una conexión entre el concepto de unción y los creyentes.

Cristo/Mesías

"Cristo" es una de las denominaciones de Jesús que ocurre con mayor frecuencia en el Nuevo Testamento. Está basado en el verbo griego para "ungir" (*jrio*) y su equivalente hebreo (*mashaj*). *Mashiaj*, una forma de esta palabra hebrea, es la base de nuestra palabra "Mesías". *Jristos*, una forma de la palabra griega, es la base de la palabra "Cristo". Esto lo destaca la declaración de Andrés a Pedro: "Hemos hallado al Mesías [*Messias*, una versión griega del hebreo *Mashiaj*]" y la nota explicativa del escritor del evangelio: "que traducido es, el Cristo [*Jristos*]" (Juan 1:41). Ambas palabras quieren decir "ungido".

Estas palabras originalmente eran títulos o denominaciones. En el uso posterior en el Nuevo Testamento, la palabra Cristo perdió algo de su significado de título y llegó a considerarse más como nombre. Sin embargo, es necesario comprender y recordar la importancia del significado original de estas palabras.

Antecedentes en el Antiguo Testamento

En el Antiguo Testamento, un *mashiaj* fue una persona a quien Dios había dado un cargo especial de liderazgo en su pueblo. Se ungía con aceite, y el acto comunicaba la idea de la aprobación de Dios y su autorización de la persona. El aceite simbolizaba el Espíritu Santo (Zacarías 4).

Con frecuencia se emplea el término al hablar de la unción de reyes (1 Samuel 9:16; 10:1; 12:3, 5; 15:1, 17), y a menudo para denotar a David y sus herederos. La expresión *meshiaj Yahweh* (el ungido de Yahvéh/Jehová) es muy común a lo largo del Antiguo Testamento. A menudo era un sinónimo de "rey". Esto tiene significado especial con relación a Jesús, ya que es un descendiente de David y el heredero final del eterno trono de David que se profetizó en 2 Samuel 7:13. El Salmo 2:2 es uno de muchos pasajes del Antiguo Testamento que correlacionan al Mesías con el Rey: "Se levantarán los reyes de la tierra, y príncipes consultarán unidos contra Jehová y contra su ungido [*Mashiaj*]." Hebreos 1:9, citando el Salmo 45:7, dice con relación a Jesús: "Te ungió [*jrio*] Dios, el Dios tuyo, con óleo de alegría más que a tus compañeros." El contexto menciona su trono y su "cetro de equidad".

El Antiguo Testamento también habla de la unción de los sumos sacerdotes (Éxodo 29:4-7; Levítico 4:3, 5, 16) y sacerdotes (Éxodo 28:41; 30:30; 40:12-15; Levítico 7:36). Así como en el caso de la unción de reyes, este acto era una indicación de la aprobación de Dios de su servicio y también de su consagración a Él. El libro de Hebreos habla en detalle de Jesús en sus papeles de sumo sacerdote y sacerdote, aun cuando no se hace ninguna conexión directa con el hecho de que es el Ungido, aparte del uso frecuente del nombre/título Cristo.

El Antiguo Testamento tiene sólo una indicación de un profeta que fue ungido para el servicio al Señor: el mandato del Señor a Elías a ungir a su sucesor Eliseo (1 Reyes 19:16). Sin embargo, el Nuevo Testamento pone énfasis en la unción de Jesús para su ministerio profético. El pasaje mesiánico en Isaías 61:1 dice: "El Espíritu de Jehová el Señor está sobre mí, porque me ungió [*mashaj*] Jehová; me ha enviado a predicar buenas nuevas a los abatidos . . ." Al principio de su ministerio público, Jesús leyó este pasaje en la sinagoga de Nazaret y añadió: "Hoy se ha cumplido esta Escritura delante de vosotros" (Lucas 4:16-21).

Hay otros dos pasajes que presentan esta misma idea. La oración de los creyentes en Hechos 4 cita el Salmo 2, mencionado antes, y lo relaciona con la persecución que sufrían. Hablan de "tu santo Hijo Jesús, a quien ungiste [*jrio*]" (vv. 24-27). En Hechos 10:38, Pedro dice: "Vosotros sabéis . . . cómo Dios ungió [*jrio*] con el Espíritu Santo y con poder a Jesús de Nazaret."

Un acontecimiento único

Es especialmente importante en este punto entender que esta

unción que experimentó Jesús fue un acontecimiento único. El tiempo aoristo griego (que es similar al pretérito indefinido del español) se emplea en los cuatro versículos del Nuevo Testamento citados en este capítulo con relación a Cristo (Hebreos 1:9; Lucas 4:18; Hechos 4:27; 10:38). Esta unción de Jesús para su ministerio profético en la tierra ocurrió en el momento de su bautismo cuando el Espíritu Santo vino sobre Él para darle poder y apartarlo para su ministerio único. La conexión entre su unción y la obra del Espíritu Santo es patente.

La denominación *Cristo* por lo tanto pone énfasis en la relación muy estrecha entre Jesús y el Espíritu Santo. Aunque era plenamente Dios, también era plenamente hombre. Y como hombre Él también dependía del Espíritu Santo. Otros pasajes mesiánicos en Isaías también señalan eso (11:1-4; 42:1-4). Así Jesús se vuelve para nosotros el hombre del Espíritu por excelencia.

La unción de los creyentes

Sin embargo, en el Nuevo Testamento Jesús no es el único de quien se dice que está ungido. Tres pasajes hablan de la unción de los creyentes. Segunda a Corintios 1:21-22 dice: "Y el que nos confirma con vosotros en Cristo, y el que nos ungió [*jrio*], es Dios, el cual también nos ha sellado, y nos ha dado las arras del Espíritu en nuestros corazones." El verbo *jrio* está en el tiempo aoristo, que comunica la idea de un acontecimiento terminado que ocurre una sola vez.

Empleando *jrisma*, la forma sustantivada del verbo, Juan dice: "Pero vosotros tenéis la unción del Santo, y conocéis todas las cosas", y otra vez: "Pero la unción que vosotros recibisteis [este verbo también está en el tiempo aoristo] de él permanece en vosotros, y no tenéis necesidad de que nadie os enseñe; así como la unción misma os enseña todas las cosas, y es verdadera, y no es mentira, según ella os ha enseñado, permaneced en él" (1 Juan 2:20, 27).

El contexto de estos pasajes que se relacionan con los creyentes hace una conexión directa entre la unción y el ministerio del Espíritu Santo. Es claro que todos los creyentes están ungidos, es decir, comisionados por Dios para servicio. Esta unción, según el Nuevo Testamento, no es una experiencia que se pueda repetir. Todos los creyentes deben reconocer que ya tienen la unción de Dios porque su Espíritu Santo permanece en ellos. Esto no excluye ocasiones especiales en que el Espíritu Santo viene sobre una persona para un propósito especial, pero en ninguna parte emplea el Nuevo Testamento la palabra "unción" para hablar de tales experiencias.

15

PALABRAS INSPIRADAS POR EL ESPÍRITU

Un fenómeno del día de Pentecostés fue la manera insólita de hablar que experimentaron los discípulos. De interés especial es una palabra que ocurre dos veces en Hechos 2, y sólo una vez más en el Nuevo Testamento: la palabra griega *apofthengomai* (Hechos 2:4, 14; 16:25). Es una lástima que las distintas traducciones casi siempre debilitan la fuerza de esta palabra.

Significado de *apofthengomai*

A continuación están las traducciones de varias autoridades competentes. El léxico Bauer-Arndt-Gingrich-Danker sugiere: "hablar claro, declarar enérgica o fuertemente" y "declarar a alguien con entusiasmo". El léxico Grimm-Thayer sugiere: "hablar claro, hablar en voz alta, pronunciar" y comenta que "no [es] una palabra del habla cotidiana, sino que es propia del discurso elegante y elevado". F. F. Bruce, célebre y muy estimado exegeta del Nuevo Testamento, dice en su comentario sobre el texto griego del libro de Hechos que la palabra en Hechos 2:4 habla "de palabras importantes o declaraciones proféticas/fatídicas". Dice que en 2:14 es probable que su significado sea "palabras inspiradas" y que en 26:25 se refiere a "palabras solemnes".

Se hace patente que este verbo va más allá de los verbos más comunes o frecuentes tales como hablar, declarar, pronunciar, etc. Una investigación minuciosa de su uso en el Nuevo Testamento y pasajes relacionados en el Antiguo Testamento demostrará esto.

Creyentes el día de Pentecostés

En el día de Pentecostés, los discípulos hablaron en otras lenguas "según el Espíritu les daba que hablasen". Es especialmente importante observar que sus palabras glosolálicas vinieron bajo el impulso directo del Espíritu Santo; el hablar en lenguas no se originó con ellos. El tiempo del verbo *daba* (*edidou*, el tiempo imperfecto del griego) es significativo; es pasado progresivo, y comunica la idea de que la continuación del hablar en lenguas dependía del impulso continuado de la inspiración del Espíritu Santo.

Eso está relacionado con la cláusula anterior, que dice: "comenzaron a hablar en otras lenguas." Hay cierta confusión en la interpretación de esta declaración debido a la palabra *comenzaron*. En este contexto la palabra griega (*erxanto*) se emplea de modo idiomático, es decir, en esta cláusula hay un pleonasmo: el uso de más palabras de las que al parecer son necesarias. La palabra *comenzaron* debiera ser omitida en una traducción, y el infinitivo que sigue (*hablar*) debiera convertirse en el verbo de la cláusula. Una traducción más sencilla pero todavía precisa sería: "hablaban en otras lenguas." (Se encuentran dos ejemplos de este tipo de construcción gramatical en Hechos 1:1 y 11:15.) El significado general es, pues, que hablaban en otras lenguas *según* el Espíritu les daba que hablasen.

Pedro y *apofthengomai*

Se emplea esta misma palabra *apofthengomai* específicamente al hablar de Pedro en 2:14, que dice que alzó la voz y le "habló" a la multitud que se había reunido. El discurso de Pedro fue más que un "sermón". Fueron palabras inspiradas por el Espíritu, comparables con los mensajes proféticos dados con frecuencia por los siervos de Dios en la época del Antiguo Testamento según el Espíritu Santo se movió en ellos. Se emplea la palabra varias veces en la Septuaginta para calificar discursos inspirados de modo sobrenatural, ya sea la fuente divina o demoniaca. Los pasajes siguientes confirmarán esto: 1 Crónicas 25:1 (donde se emplean las palabras hebreas para profecía [*naba'*] y profeta [*nabi'*]); Miqueas 5:12; Ezequiel 13:9, 19, aun cuando las traducciones a veces confunden el significado del texto original. Lo que es importante entender es que los escritores están hablando de personas cuyas palabras no tienen su origen dentro de sí mismas sino en alguna fuerza espiritual fuera de ellas.

Pablo y *apofthengomai*

Hechos 26:25 es especialmente significativo. Pablo está delante del rey Agripa y Festo, relatando de manera detallada y viva su conversión. Lo interrumpe Festo, quien dice a gran voz (tal vez para contrarrestar el modo de hablar de Pablo): "Estás loco, Pablo [griego: *mainomai*]; las muchas letras te vuelven loco [griego: *mania*]." Pablo responde: "No estoy loco [*mainomai*], excelentísimo Festo, sino que hablo [*apofthengomai*] palabras de verdad y de cordura [griego: *sofrosune*]." Se emplea la forma verbal de esta última palabra (*sofroneo*) en Marcos 5:15 al contrastar al endemoniado liberado con su condición anterior.

Pablo contrasta su manera de hablar inspirado por el Espíritu con la de hablar bajo el impulso de espíritus malignos. Tiene cuidado de no identificar su manera de hablar como *mania*, que en el pensamiento pagano de la época a menudo significaba posesión por una deidad. Pablo se separa de ese concepto al insistir que su habla es *apofthengomai* y no *mainomai*. El mismo impulso que en el día de Pentecostés instó a los discípulos a hablar en lenguas y a Pedro a dirigirse a la multitud de manera tan enérgica, ahora se movía en Pablo de modo tan espectacular y obvio que Festo el pagano le dice que está "poseído". Las palabras griegas *mainomai* y *mania* no sugerían locura en nuestro sentido de la palabra, sino más bien uno que estaba bajo el control de una deidad.

Pablo procede a decir que está hablando al rey con confianza (*parresiazomai*), palabra que, con sus cognados, comunica ideas tales como valor, osadía, intrepidez y franqueza.

Conclusión

En efecto, el Nuevo Testamento dice que el mismo Espíritu que animó a los profetas del Antiguo Testamento ahora está disponible para los creyentes en Cristo en vista de que ellos también pueden ser capacitados por el Espíritu Santo de la manera experimentada el día de Pentecostés y por Pablo. ¡Todos los creyentes, según se presenta la necesidad, pueden tener la experiencia de recibir palabras inspiradas por el Espíritu!

16

DONES ESPIRITUALES

Este capítulo se enfoca en los términos empleados en el Nuevo Testamento para hablar de lo que comúnmente llamamos "dones espirituales" o "dones del Espíritu". Es sorprendente que el primer término se encuentre sólo cuatro veces en el Nuevo Testamento (Romanos 1:11; 1 Corintios 12:1; 14:1, 12) y el último no aparece en absoluto (con la excepción de algunas traducciones de Hebreos 2:4).

Jarisma: Énfasis en la gracia

La palabra *jarisma* (plural *jarismata*) ocurre diecisiete veces en el Nuevo Testamento; con una excepción (1 Pedro 4:10), todos los casos están en los escritos de Pablo (Romanos 1:11; 5:15-16; 6:23; 11:29; 12:6; 1 Corintios 1:7; 7:7; 12:4, 9, 28, 30, 31; 2 Corintios 1:11; 1 Timoteo 4:14; 2 Timoteo 1:6). No se encuentra en la Septuaginta, y casi nunca ocurre en la literatura no bíblica.

La base lingüística de la palabra es el sustantivo muy común *jaris* (gracia) a la que se añadía el sufijo *-ma*, que comunica la idea "resultado de". Por consiguiente, aunque el significado general de la palabra es "don", específicamente es algo que se recibe como resultado de la gracia de Dios. Los *jarismata* no son recibidos a base de mérito; aunque tal vez sea redundante, la frase "don gratuito" comunica correctamente la naturaleza de este otorgamiento divino.

Jarisma en sí no quiere decir "don espiritual". Se emplea al hablar de la salvación: "la dádiva [*jarisma*] de Dios es vida eterna en Cristo Jesús Señor nuestro" (Romanos 6:23). Pablo la emplea al referirse a los dones que Dios le dio a Israel (Romanos 11:29). La usa al hablar de ser librado de peligro mortal, llamándola "el grato beneficio [*jarisma*] que se nos ha concedido en respuesta a las oraciones de muchos" (2 Corintios 1:11, NVI). También se refiere a la vida célibe de los solteros como un *jarisma*: "cada uno tiene su propio don de Dios, uno a la verdad de un modo, y otro de otro" (1 Corintios 7:7).

Sin embargo, por el uso común de la actualidad, la palabra *jarisma* ha llegado a significar "don espiritual". La declaración de Pablo a los Corintios que "nada os falta en ningún don" (1 Corintios 1:7), en el contexto general de la carta, se refiere a dones espirituales. Al escribir a los Romanos dice: "Porque deseo veros, para comunicaros [*metadidomi*: compartir con] algún don espiritual [*jarisma pneumatikon*]" (1:11). No se menciona la naturaleza precisa de este don, pero Pablo sin duda tiene presente las clases de dones que describe en Romanos 12:6-8, 1 Corintios 12:8-10 y Efesios 4:11.

Pablo emplea la palabra cinco veces en 1 Corintios 12, donde habla de "diversidad de dones" (v. 4), "dones de sanidades" (vv. 9, 28, 30), y de procurar "los dones mejores" (v. 31).

En una lista similar de dones espirituales Pablo dice: "Tenemos dones diferentes, según la gracia que se nos ha dado" (Romanos 12:6, NVI). El único uso de la palabra por Pedro es paralelo a la enseñanza de Pablo: "Cada uno según el don que ha recibido, minístrelo a los otros, como buenos administradores de la multiforme gracia de Dios" (1 Pedro 4:10).

Dos pasajes de las epístolas pastorales están relacionadas con las declaraciones anteriores. A Timoteo se le exhorta: "No descuides el don que hay en ti, que te fue dado mediante profecía con la imposición de las manos del presbiterio" (1 Timoteo 4:14). Posteriormente Pablo vuelve a exhortar a Timoteo: "Te aconsejo que avives el fuego del don de Dios que está en ti por la imposición de mis manos" (2 Timoteo 1:6).

Pneumatikon: Énfasis en el Espíritu

Pneumatikon (plural *pneumatika*) es un adjetivo cuyo significado fundamental es "espiritual". Se emplea a menudo en el Nuevo Testamento con ese significado general (por ejemplo, 1 Corintios 2:13-14; 3:1; Efesios 1:3). Pero también se emplea para calificar los *jarismata*; en realidad, las dos palabras son intercambiables en los capítulos sobre dones (1 Corintios 12 — 14). Puesto que en esos capítulos se emplea en sentido absoluto (no se expresa el sustantivo que califica), hay que proveer un sustantivo. La selección más lógica es "dones".

Una comparación de dos declaraciones muestra claramente la

equivalencia de las palabras. "Procurad, pues, los dones [*jarismata*] mejores" (1 Corintios 12:31) es paralelo a "procurad los dones espirituales [*pneumatika*]" (14:1). En la introducción a su extenso discurso sobre el asunto, Pablo dice: "No quiero, hermanos, que ignoréis acerca de los dones espirituales [*pneumatikon*: genitivo plural]" (12:1). En este versículo el sufijo casual de la palabra griega pudiera ser o masculino ("personas espirituales") o neutro; el contexto decide a favor del significado neutro: "dones espirituales".

A mi criterio, se emplean las palabras *jarismata* y *pneumatika* como sinónimos en 1 Corintios 12 — 14. El énfasis es diferente, sin embargo. El primer término llama la atención sobre el aspecto de la gracia en el otorgamiento de los dones. El último término dirige la atención al Espíritu Santo como la fuente de los dones, destacado por la declaración de Pablo: "Pero todas estas cosas las hace uno y el mismo Espíritu, repartiendo a cada uno en particular como él quiere" (12:11). Relacionado con esto es la declaración: "Pero a cada uno le es dada la manifestación [*fanerosis*] del Espíritu para provecho" (v. 7). Es muy probable que la frase "del Espíritu [*tou pneumatos*]" sea un ablativo de fuente: "que procede del Espíritu". La palabra para "manifestación" bien pudiera ser otro sinónimo de *jarisma* o, como es singular, pudiera ser un término colectivo para los dones.

Dorea/doma: La idea general

El verbo griego más fundamental y común para "dar" es *didomi*. Se encuentran sustantivos cognados así como el verbo en otro pasaje importante que trata de los dones espirituales: Efesios 4:7-11. A continuación están algunos extractos: "Pero a cada uno de nosotros fue dada [*didomi*] la gracia [*jaris*] conforme a la medida del don [*dorea*] de Cristo" (v. 7); "Dio [*didomi*] dones [*domata*: plural de *doma*] a los hombres" (v. 8); "Y él mismo constituyó [*didomi*] a unos, apóstoles . . ." (v. 11). No hay ningún significado especial en esta familia de palabras griegas además de la idea general de "dar/regalo", pero una comparación de este pasaje con los anteriormente citados muestra que los tres términos son intercambiables.

Merismoi: Distribuciones

Hebreos 2:4 dice: "Testificando Dios juntamente con ellos, con señales y prodigios y diversos milagros y repartimientos [*merismois*] del Espíritu Santo según su voluntad." El sustantivo es paralelo al verbo en 1 Corintios 12:11 que dice que el Espíritu reparte (*diaireo*: distribuir, dividir) los dones. El único otro ejemplo de la palabra en el Nuevo Testamento se encuentra en Hebreos 4:12, que habla de "partir" el alma y el espíritu.

Resumen

El Nuevo Testamento emplea varios términos cuando habla de dones espirituales. *Jarisma* pone énfasis en el aspecto de gracia y dádiva gratuita. *Pneumatikon* llama la atención sobre el Espíritu Santo como la fuente, y *merismos* sobre Él como repartidor de los dones. *Dorea/doma* destaca generalmente el aspecto de "don". Cada término hace una aportación propia a una comprensión más completa del concepto de dones espirituales.

17

GLOSOLALIA: ¿ESTÁN DE ACUERDO LUCAS Y PABLO?

La palabra glosolalia se acuñó a base de dos palabras griegas: *glossa* (lengua) y *lalia* (habla). Literalmente quiere decir "habla de lengua". Es un fenómeno único en su clase asociado con el derramamiento del Espíritu Santo el día de Pentecostés. En el Antiguo Testamento, el viento y el fuego eran manifestaciones comunes de la presencia de Dios. Pero el hablar en lenguas no ocurre allí, aunque algunos pretenden identificarlo con lo dicho por algunos profetas.

El propósito de este capítulo es ver cómo se emplea la expresión "hablar en lenguas" (*lalein glossais*) en Hechos y en 1 Corintios. El estudio está motivado principalmente porque algunos sostienen que el fenómeno en Hechos (especialmente el capítulo 2) difiere de lo mencionado por Pablo. En el primer caso, según se afirma, las lenguas son humanas, extranjeras, identificables; en el último caso, son expresiones vocales extáticas a las que en realidad no se puede llamar idiomas. Por consiguiente, se dice que la glosolalia de Hechos 2 es superior a la glosolalia de 1 Corintios.

La expresión *lalein glossais*

Esta expresión ("hablar en lenguas") se encuentra sólo en el Nuevo Testamento, en Hechos (2:4; 10:46; 19:6), en 1 Corintios (12:30; 13:1; 14:5, 6, 18, 23, 40), y en Marcos (16:17). No hay indicaciones de que ocurra en otra parte alguna de la literatura griega. Es un término técnico en las Escrituras para denominar palabras inspiradas por el Espíritu en un idioma que no domina el que habla.

El verbo *lalein* (hablar) ocurre a lo largo de las Escrituras y es un sinónimo de *legein*. Sin embargo, los escritores emplean sólo *lalein* al hablar de este fenómeno, lo cual es una indicación de que se trata en este caso de un término técnico. La palabra *glossais* es la forma dativa plural de *glossa*. El caso dativo muestra la manera o el medio por el cual tiene lugar el habla: idiomas. El significado fundamental de la palabra *glossa* es el órgano del habla, la lengua. Una extensión del significado es "idioma": lo que produce la lengua. Así como en español y en muchos otros idiomas la palabra *lengua* tiene ambos significados, así es en griego. El significado "idiomas" es evidente del contenido de Hechos 2, donde también ocurre el sinónimo *dialektoi* (vv. 6, 8, 21).

Tanto Pablo como Lucas emplean el mismo término técnico *lalein glossais*. Ya que eran colegas que sin duda hablaban de la "teología", es muy improbable que ambos emplearan esta expresión insólita pero con significados diferentes.

"Otras" Lenguas

Hechos 2:4 dice que los discípulos "comenzaron a hablar en otras [*heterais*] lenguas". Algunos tratan de insistir en una distinción entre *heteros* (la forma singular) y su sinónimo *allos*, ambos de los cuales significan "otro". Pero el contexto especifica claramente que las *heterais glossais* fueron idiomas distintos de los conocidos por los discípulos. Puesto que esta es la primera ocurrencia de glosolalia en la historia, es significativo que Lucas entre en detalles acerca de la naturaleza de glosolalia.

¿Está de acuerdo Pablo? ¿Considera que la glosolalia es hablar en idiomas? ¿O se debe entender que él decía que puede haber expresiones vocales que no sean idiomas? En su estudio del don de lenguas, cita Isaías 28:11: "En otras lenguas [*en heteroglossois*] y con otros labios [*en jeilesin heteron*] hablaré [*laleso*] a este pueblo" (1 Corintios 14:21). *Heteroglossois* es simplemente una combinación de *heteros* y *glossa* en el masculino plural. ¿Acaso es fortuito que las formas del adjetivo *heteros* de Hechos 2:4 ocurran dos veces aquí, así como el verbo *laleo* que se emplea constantemente en la expresión *lalein glossais*? No creo.

La cita de Pablo no es de la Septuaginta, que dice: "por labios tartamudos [*faulismon jeileon*] y una lengua extranjera [*glosses heteras*]", pero las similitudes entre la cita de Pablo, la Septuaginta y Hechos 2:4 son notables. El contexto del pasaje de Isaías trata de la venida de los invasores asirios, cuyo idioma no comprenderían los israelitas. El punto es que tanto Lucas como Pablo consideran que la glosolalia es hablar en idiomas.

Una definición sencilla pero adecuada del idioma es que consiste en las palabras, su pronunciación, y las maneras de combinarlas que se emplean al comunicar con alguien. ¿Debemos insistir en que el significado de glosolalia incluye sólo idiomas humanos e identificables? ¿O es posible que *lalein glossais* se puede extender a significar algún tipo de idioma "espiritual"? El tenor general de 1 Corintios 14 sugiere la posibilidad de un idioma espiritual o celestial. Se dirige esta habla a Dios, ya que nadie "entiende" (v. 2). La frase "lenguas... angélicas" (13:1) también alude a esta idea. En mi opinión, se debe admitir la posibilidad de que la glosolalia incluya un idioma no humano sino espiritual, celestial o angélico. ¿Pudiera ser esto parte del significado de "géneros de lenguas [*gene glosson*]" (12:10, 28)?

La interpretación de lenguas

El don recíproco de la interpretación de lenguas (*hermeneia glosson*) implica fuertemente que la glosolalia es en efecto hablar en idiomas (1 Corintios 12:10). A lo largo del Nuevo Testamento, se aplican *hermeneia* y sus cognados a la interpretación o traducción de un idioma ininteligible (por ejemplo, Mateo 1:23; Juan 1:38, 39, 42, 43; Hechos 4:36). La única excepción es Lucas 24:27, que dice que Jesús "declaraba [*diermeneusen*] en todas las Escrituras lo que de él decían". Otra vez, Pablo considera que la glosolalia consiste en idiomas que necesitan interpretación o traducción.

Glosolalia como alabanza/oración

Otra semejanza entre Lucas y Pablo está relacionada con el contenido de las expresiones glosolálicas. En Hechos 2, se oyó a los discípulos "hablar ... las maravillas [*ta megaleia*] de Dios" (v. 11). En Hechos 10:46 Cornelio y su casa "hablaban en lenguas, y ... magnificaban [*megalunonton*] a Dios". La segunda cláusula es un comentario sobre la primera; se puede traducir la palabra "y" (*kai*) como "es decir". En 1 Corintios 14, Pablo habla de orar en una lengua (v. 14), de bendición (*eulogeo*) en el Espíritu (v. 16), y de dar gracias (*eujaristia/eujaristeo*) (vv. 16-17); todos estos fenómenos están relacionados con el contenido de hablar en lenguas. Así que ambos escritores señalan que la glosolalia está dirigida hacia Dios.

En efecto, Lucas y Pablo convienen en otros asuntos importantes relacionados con *la naturaleza de la glosolalia*, que es el enfoque de este capítulo. Otros aspectos importantes del fenómeno están fuera del alcance de este estudio.

18

DISCERNIMIENTO DE ESPÍRITUS

"Discernimiento de espíritus" (*diakriseis pneumaton*) es uno de nueve *jarismata* enumerados en 1 Corintios 12:8-10. Dos observaciones preliminares son importantes: (1) El don viene a continuación del don de profecía, lo cual sugiere una conexión entre los dos. (2) En el texto griego, el primer sustantivo es plural; se debiera traducir "discernimientos". Además, hay que prestar atención a la identidad de los "espíritus" que son el objeto de este proceso de evaluación.

Relación con el don de profecía

De manera significativa, aunque este don es de naturaleza reveladora, no está agrupado con una palabra de sabiduría y una palabra de ciencia, sino que viene después del don de profecía. La conexión entre estos dos dones está clara en 1 Corintios 14:29, que dice: "Asimismo, los profetas hablen dos o tres, y los demás juzguen [*diakrino*]." Este verbo *diakrino* y el sustantivo *diakriseis* que se emplea en 12:10 son cognados. En efecto, 14:29 es un comentario sobre esos dos dones enumerados en 12:10. Por lo tanto, la función principal del don de discernimientos de espíritus está relacionada con el don de profecía. Así como los últimos dones de la lista — lenguas e interpretación de lenguas — son recíprocos, así también lo son los dos dones que estamos considerando ahora. El segundo don de cada par es el complemento del don anterior.

Pasajes paralelos

En otros pasajes del Nuevo Testamento hay mandatos de evaluar/valorar/juzgar declaraciones proféticas. Pablo dice en otra parte: "No apaguéis el Espíritu. No menospreciéis las profecías. Examinadlo [*dokimazo*] todo; retened lo bueno" (1 Tesalonicenses 5:19-21). Juan hace eco de la misma idea cuando dice: "Amados, no creáis a todo espíritu, sino probad [*dokimazo*] los espíritus si son de Dios; porque muchos falsos profetas han salido por el mundo" (1 Juan 4:1). *Dokimazo* es por lo tanto sinónimo con *diakrino* en pasajes que tratan de la evaluación de declaraciones proféticas.

¿Quién lleva a cabo la evaluación?

¿Quiénes son "los demás" en la declaración: "los demás [*alloi*] juzguen" (1 Corintios 14:29)? Algunos dicen que se refiere a otros profetas que están presentes, que las declaraciones proféticas debieran ser evaluadas por colegas profetas. Algunos insisten en que el significado estricto del adjetivo *allos* es "otro del mismo tipo". Pero tal distinción entre este adjetivo y su sinónimo *heteros* (otro de otra clase) no siempre ocurre en el uso del Nuevo Testamento. En mi opinión es imposible insistir en esta distinción en el mismo pasaje que enumera dones espirituales (1 Corintios 12:8-10), donde *allos* ocurre seis veces y *heteros* dos veces.

Es mejor considerar que *alloi* se refiere a otras personas que están presentes. Esto está de acuerdo con el principio bíblico de que Dios desea usar a todos los creyentes en el ejercicio de los dones espirituales. Además, en los anteriormente citados pasajes de 1 Tesalonicenses y 1 Juan no hay indicación de que el examen o la evaluación o la prueba la han de hacer personas que también sean profetas.

¿Quiénes o qué son los espíritus que se han de juzgar?

El Nuevo Testamento emplea la palabra griega "espíritu" (*pneuma*) de muchos modos. Puede referirse al Espíritu Santo (Romanos 8:32), a un espíritu inmundo o angélico (Marcos 5:2; Hebreos 1:14), al aspecto de la persona que no es su alma o cuerpo (1 Tesalonicenses 5:23), o al temperamento de una persona (2 Timoteo 1:7). El propósito del don es hacer posible que uno perciba la fuente o el motivo de una declaración profética.

Desde un punto de vista práctico, uno debiera tener sumo cuidado en decir que una declaración es inspirada por demonios. Sin embargo, ya que el ministerio del Espíritu viene por medio de un canal humano, hay la posibilidad de que el espíritu del hablante mismo se inyecte en cierto grado, aunque el que habla no pretenda hacerlo o no sepa que lo está haciendo. Al trasmitir un genuino mensaje del Señor, el hablante puede incluir inconscientemente sus propios sentimientos o interpretación del mensaje. Esto, en mi opinión, es la única manera satisfactoria de entender la declaración de que los discípulos en Tiro "decían a Pablo por el Espíritu, que no subiese a Jerusalén" (Hechos 21:4). Al parecer sus sentimientos personales por Pablo fueron incluidos como parte de la profecía. Una confrontación de pasajes relacionados muestra que el Espíritu sí advirtió a Pablo de tribulaciones en Jerusalén (20:23; 21:10-14); pero los creyentes de Cesarea, después de oír la profecía de Agabo y de rogarle a Pablo que no fuera a Jerusalén, por fin se rindieron ante su determinación de ir y dijeron: "Hágase la voluntad del Señor" (21:14).

Además, debemos admitir la posibilidad de que una "profecía" entera no venga directamente del Señor ni de Satanás, sino que es una expresión que viene del espíritu de un hablante bienintencionado que sinceramente cree que tiene un mensaje del Señor.

El método de evaluación

Se puede llamar este don de discernir espíritus el criterio subjetivo por el cual los miembros de la congregación saben por intuición si una declaración profética es genuina. En lo externo, es posible que no haya ninguna diferencia discernible entre una persona inspirada por Dios y una que está inspirada por un demonio o por sí mismo. Pero de un modo que las Escrituras no explican claramente, el don funciona de tal manera que "los demás" de algún modo saben en su propio espíritu si el Espíritu Santo es la fuente.

Además, siguiendo el ejemplo del Antiguo Testamento (Deuteronomio 13:2-6; 18:21-22), Pablo dice que el contenido es el criterio objetivo por el cual se ha de evaluar las profecías. Dice que nadie que hable "por el Espíritu de Dios" (*en pneumati theou*) dirá: "Jesús es anatema" (1 Corintios 12:3). En un pasaje paralelo la prueba es también doctrinal: "En esto conoced el Espíritu de Dios: Todo espíritu que confiesa que Jesucristo ha venido en la carne, es de Dios" (1 Juan 4:2). Hay que entender esos pasajes a la luz de los problemas teológicos específicos que trataban, pero podemos extrapolar y decir que siempre hay que aplicar pruebas doctrinales a declaraciones proféticas.

Otros asuntos pertinentes

El enfoque de este capítulo ha sido la conexión entre este don y el don de profecía, pero el don tiene otras aplicaciones; tal vez esa sea la razón por la cual tiene un nombre plural. Puede estar estrechamente conectado con el don de una palabra de ciencia, por el cual el Espíritu de Dios da a conocer a alguien algo que de otra forma éste no pudiera conocer. También es claramente aplicable en el campo de la posesión demoniaca. Como bien se sabe, síntomas físicos similares pueden estar presentes tanto en casos de enfermedad física y orgánica como en casos de posesión demoniaca. La persona con sensibilidad espiritual puede estar segura de que el don le capacitará para discernir si debe orar por la sanidad de la persona o entrar en un enfrentamiento de poderes con Satanás.

19

La Sanidad y la Expiación

El propósito de este capítulo es examinar los pasajes clave de la Biblia que hacen una conexión específica entre la provisión de Dios para la sanidad y la obra redentora de Cristo. ¿Hay "sanidad en la expiación"? De ser así, ¿qué quiere decir esa expresión?

El capítulo no tratará de las cuestiones generales relacionadas con la sanidad divina, ya que no debiera haber ninguna duda en cuanto a la capacidad del Señor para sanar o su provisión para la sanidad en la actualidad. "Yo soy Jehová tu sanador" (Éxodo 15:26) queda abundantemente demostrado a lo largo del Antiguo Testamento y el Nuevo Testamento. Él ha provisto aun hoy mediante el *jarisma* llamado "dones de sanidades" (1 Corintios 12:9) y el ministerio en la asamblea local (Santiago 5:13-16).

El pasaje clave del Antiguo Testamento

Se pudieran citar muchos incidentes de la sanidad de su pueblo por el Señor, así como declaraciones específicas tales como el Salmo 103:3b que dice que Él "sana todas tus dolencias". Pero el centro de atención debe ser Isaías 53:4: "Ciertamente llevó [*nasa'*] él nuestras enfermedades [*jali*], y sufrió [*sabal*] nuestros dolores [*make'ob*]." Cada una de las palabras hebreas es significativa.

Se describe al Mesías de esta manera porque en su muerte tomó sobre sí nuestras enfermedades y dolores. Los verbos empleados en Isaías 53:4 (*nasa'* y *sabal*) hablan claramente de eso. *Nasa'* quiere decir "levantar, llevar, cargar, quitar". Posteriormente en el capítulo leemos "habiendo él llevado [*nasa'*] el pecado de muchos" (v. 12). Este verbo, en contextos como el de Isaías 53, definitivamente comunica la idea de que el Mesías murió por los pecados y las enfermedades de su pueblo, y no sólo *para el beneficio de* ellos sino *en lugar de ellos*. La imagen del chivo expiatorio capta este concepto de sustitución cuando leemos que “aquel macho cabrío llevará [*nasa'*] sobre sí todas las iniquidades de ellos” (Levítico 16:22).

El verbo *sabal* habla de llevar una carga pesada. Ocurre en Isaías 53 en el contexto del Mesías que lleva nuestros dolores (v. 4) así como nuestras iniquidades (v. 11). No cabe duda de que en la mente de Isaías la muerte del Mesías fue por tanto los pecados como las enfermedades de su pueblo.

Mateo 8:16-17 e Isaías 53:4

Se cita Isaías 53:4 sólo una vez en el Nuevo Testamento. Después de relatar muchas sanidades y expulsiones de demonios hechos por Jesús, Mateo explica: “para que se cumpliese lo dicho por el profeta Isaías, cuando dijo: El mismo tomó [*lambano*] nuestras enfermedades [*astheneia*], y llevó [*bastazo*] nuestras dolencias [*nosos*]' ” (8:17).

El significado fundamental de *astheneia* es debilidad, pero se emplea a menudo en el Nuevo Testamento al hablar de la enfermedad o la dolencia (por ejemplo, Hechos 28:9; Lucas 5:15). En su forma verbal se emplea con frecuencia al hablar de sufrir debilidad corporal, es decir, estar enfermo (por ejemplo, Mateo 25:39; Juan 11:1, 2, 3, 6; Santiago 5:14).

Nosos, un sinónimo, significa enfermedad o dolencia. Tiene este significado en pasajes tales como Hechos 19:12; Mateo 4:23; 9:35; Lucas 7:21; y muchos otros.

En cuanto a los verbos, *lambano*, entre sus muchos significados y uso amplio, en estos pasajes conlleva la idea de quitar o remover. Un significado sugerido es “tomar a fin de llevarse”. *Bastazo* quiere decir “quitar, llevarse, cargar”; comunica correctamente la idea del pasaje de Isaías.

Conveniencia de la cita de Mateo

Isaías 53 se enfoca en la muerte expiatoria de Cristo. ¿Cómo, pues, pudo Mateo decir que Isaías 53:4 fue cumplido en un momento anterior a la crucifixión? Hay que comprender varios puntos.

El Nuevo Testamento es normativo para cualquier interpretación de un pasaje del Antiguo Testamento. Aun cuando Jesús todavía no había muerto, tenemos en Mateo 8 un anticipo de su muerte y los beneficios de ésta. Dios no está limitado por las trabas del tiempo; somos nosotros los que vivimos en el tiempo y el espacio.

La cita por Mateo del pasaje de Isaías es de naturaleza proléptica (anticipadora). De una manera algo incomprensible para nosotros, los beneficios de la cruz se extienden retroactivamente a todas las personas de fe. La salvación de los santos del Antiguo Testamento, aun cuando no podían haber estado conscientes de ello, tuvo lugar a base del sacrificio por venir de Cristo en la cruz.

Dios, de quien podemos decir que existe en el presente eterno, trasciende el tiempo. En realidad, a sus ojos Cristo es el Cordero que fue inmolado desde el principio del mundo (Apocalipsis 13:8).[1] Por consiguiente, los beneficios de la cruz se extienden por toda la historia de la humanidad.

Algunas conclusiones

Es evidente que hay una conexión importante entre la sanidad y la expiación. Sin embargo, son muy pocos los pasajes bíblicos que hablan de manera específica y clara de este asunto. Aun la conocida y muy citada frase "por su llaga fuimos nosotros curados" (Isaías 53:5; véase 1 Pedro 2:24) tiene que ser entendida de modo inclusivo, es decir, que abarca tanto la salvación espiritual como la sanidad física. Debemos ver que el énfasis del gran pasaje mesiánico de Isaías 52:13 — 53:12 es la muerte de Cristo por nuestros pecados. Debemos, por lo tanto, tener cuidado al tratar de formular una teología detallada de "la sanidad en la expiación". Sin embargo, tenemos que estar convencidos de que la sanidad divina en efecto nos llega mediante la cruz.

Un aspecto importante de la salvación bíblica es su naturaleza holística. Cristo murió para deshacer la maldición que resultó del pecado de nuestros primeros padres; nos redimió de la maldición de la ley (Gálatas 3:13). La maldición fue la muerte, tanto física como espiritual. Murió para el hombre entero, no sólo para el alma del hombre. Su obra redentora incluye salvación para todos los aspectos del ser humano, no importa cómo uno concibe la relación entre el cuerpo, el alma y el espíritu.

La sanidad física ocurre como resultado de la obra expiatoria de

---

1 Algunos suponen que la frase se aplica al tiempo de escribir nombres en el libro de vida (Apocalipsis 17:8), pero la palabra griega sugiere más naturalmente que modifica el participio "inmolado" (véase también 1 Pedro 1:18-20). Sea como sea, el Cordero inmolado no puede ser separado del libro de vida del Cordero inmolado.

Cristo, pero en el mejor de los casos es sólo una liberación temporal, ya que todos han de morir. La mayor liberación física es la redención del cuerpo, que experimentará no sólo resurrección sino también transformación, y nunca más será sujeto a la enfermedad y la dolencia (Romanos 8:23; Filipenses 3:20-21). ¡Las consecuencias de la muerte física y espiritual han sido vencidas por la muerte de Aquel que tomó sobre sí tanto nuestros pecados como nuestras enfermedades!

20

JESÚS, EL TEMPLO, Y LA IGLESIA

Este capítulo constituye una investigación del concepto neotestamentario del templo, cuyas raíces están en el Antiguo Testamento. Es claro que Dios pretendió que se entendiera de modo tipológico el templo y su precursor el tabernáculo. Su cumplimiento, así como el de muchos otros tipos del Antiguo Testamento, tiene lugar cuando viene el Mesías e inaugura el nuevo pacto.

En el Nuevo Testamento hay dos palabras griegas (*hieron* y *naos*) que a menudo se traducen como "templo", pero es importante ver la distinción entre las dos. La primera por lo general se refiere a todo el complejo del templo, que incluía no sólo el edificio del templo, sino también los distintos atrios que lo rodeaban. La segunda se refiere al edificio mismo, y se puede traducir correctamente "santuario". La segunda palabra (*naos*) es el enfoque de este capítulo y se emplea en todos los pasajes del Nuevo Testamento que se citan en este capítulo.

Antecedentes en el Antiguo Testamento

En la época del Antiguo Testamento, se consideraba que un templo era la habitación de una deidad. Por consiguiente, vemos que el templo y el tabernáculo representaban la habitación especial del Señor. El que estaba y está en todas partes escogió "localizar" su presencia en el lugar santísimo y especialmente sobre el arca del pacto y entre los querubines (Éxodo 25:22; 30:6, 36).

Notamos también que en la dedicación tanto del tabernáculo como del templo el fenómeno de la nube, que representa la gloria y la presencia de Dios, cubrió los edificios (Éxodo 40:34-35; 2 Crónicas 7:1-3).

Jesús como el tabernáculo y el templo

Jesús, al predecir su resurrección, dijo a sus oponentes: "Destruid este templo, y en tres días lo levantaré" (Juan 2:19). Su comentario es especialmente significativo ya que lo hizo cuando limpió el templo. El comentario editorial de Juan es que "él hablaba del templo de su cuerpo" (v. 21). Aquí hay una indicación de que el templo está siendo suplantado por su cumplimiento, pues Jesús en la tierra fue la manifestación especial de la presencia de Dios en el mundo (Juan 1:18; 14:8-9). El tabernáculo y el templo prefiguraron eso.

Una indicación adicional se encuentra en la declaración de que "aquel Verbo se hizo carne, y habitó (*skenoo*) entre nosotros" (Juan 1:14). Este verbo griego no es el que corrientemente se emplea para "habitar". Es la forma verbal de la palabra para tienda de campaña (*skene*) y se puede traducir correctamente "tabernáculo", que evoca el tabernáculo de reunión del Antiguo Testamento y está en conformidad con la idea principal de este capítulo.

Pablo y el templo

Al dirigirse a los atenienses, Pablo dijo: "El Dios que hizo el mundo y todas las cosas que en él hay, siendo Señor del cielo y de la tierra, no habita en templos hechos por manos humanas" (Hechos 17:24). Esteban manifiesta una idea similar al reprender a sus perseguidores por poner su fe en el templo más bien que en lo que simbolizaba el templo (Hechos 7:46-50).

La muerte de Jesús señaló que se iba a cumplir de otro modo la tipología del templo y el tabernáculo del Antiguo Testamento. De tres maneras distintas Pablo, empleando la palabra *naos*, describe la iglesia como el antitipo o cumplimiento del templo.

Al creyente individual se le llama templo. "¿O ignoráis que vuestro cuerpo es templo del Espíritu Santo, el cual está en vosotros . . . ?" (1 Corintios 6:19). El contexto muestra que se trata de un llamado a la santidad personal al tratar Pablo del problema de inmoralidad sexual entre creyentes.

Pablo aplica la imagen de *naos* de manera colectiva a una congregación local. "¿No sabéis que sois templo de Dios, y que el Espíritu de Dios mora en vosotros? Si alguno destruyere el templo de Dios, Dios le destruirá a él; porque el templo de Dios, el cual sois vosotros, santo es" (1 Corintios 3:16-17). Dice estas palabras a una congregación, no a personas individuales. El pronombre *vosotros* es plural; *templo* es singular. El contexto muestra que Pablo está hablando de una situación local en Corinto, donde había en la congregación facciones que pudieran destruirla.

En otros lugares Pablo aplica la imagen del templo a la Iglesia universal. En Efesios 2 habla de la unión de los judíos y los gentiles en Cristo, "en quien todo el edificio, bien coordinado, va creciendo para ser un templo santo en el Señor; en quien vosotros también sois juntamente edificados para morada de Dios en el Espíritu" (vv. 21-22). En 2 Corintios 6 dice: "Vosotros [plural] sois el templo [singular] del Dios viviente" y procede a citar Levítico 26:12: "Habitaré y andaré entre ellos" (vv. 16-17). La habitación de Dios dentro de la iglesia es con toda seguridad el equivalente y el cumplimiento de su habitación en el lugar santísimo. El contexto, además de eso, es un llamado para que la iglesia se separe de todo lo inmundo.

Todos esos pasajes de Pablo enfatizan que el creyente individual, la congregación local, y la Iglesia universal, son la habitación especial de Dios: no sólo su *hieron*, sino su *naos*. Se llama a los creyentes, de modo individual y colectivo, a ser los que llevan la presencia de Dios al mundo. Es especialmente significativo que estos pasajes hacen hincapié en el Espíritu Santo, que es el canal de la presencia de Dios para nosotros y nos ayuda a vivir de manera que manifestemos esa presencia ante otros.

El templo y el libro de Apocalipsis

Además de los pasajes del Evangelio según San Juan que se mencionaron anteriormente, el libro de Apocalipsis habla del tabernáculo y del templo en un contexto escatológico, y dice que están en el cielo (3:12; 7:15; 11:19; 12:12; 15:5). Como el punto culminante de la visión pan-bíblica del templo y del tabernáculo, Juan dice cuando la santa ciudad, la nueva Jerusalén, baja del cielo: "Y oí una gran voz del cielo que decía: He aquí el tabernáculo de Dios con los hombres, y él morará con ellos" (21:3). El coronamiento de todo el estudio se encuentra en las palabras: "Y no vi en ella [la nueva Jerusalén] templo; porque el Señor Dios Todopoderoso es el templo de ella, y el Cordero. La ciudad no tiene necesidad de sol ni de luna que brillen en ella; porque la gloria de Dios la ilumina, y el Cordero es su lumbrera" (21:22-23).

21

EL "TABERNÁCULO" DE DAVID

En el concilio de Jerusalén, que se celebró para debatir la base para la admisión de gentiles en la iglesia (Hechos 15), Santiago, el moderador, citó un pasaje bastante oscuro del Antiguo Testamento (Amós 9:11-12). Una parte de la cita dice: "Reedificaré el tabernáculo de David, que está caído . . . lo volveré a levantar" (Hechos 15:16). El objetivo de este capítulo es analizar el significado de la frase "el tabernáculo [griego *he skene*] de David."

Una definición de diccionario de la palabra tabernáculo la relaciona de manera casi exclusiva con la adoración. ¿Es este el propósito de las palabras empleadas en Amós (hebreo *sukkah*) y en Hechos (griego *skene*)? Una comparación de traducciones muestra que se traduce la palabra clave de varias maneras en los dos pasajes:

VERSIÓN	Hechos 15:16	Amós 9:11
RVR, RVA, BLA	tabernáculo*	tabernáculo
VP	choza	choza
NVI	tienda	—

*La nota marginal de la BLA dice: **o tienda**

Por lo tanto debemos investigar las palabras más importantes que comunican este concepto del tabernáculo/choza/tienda.

Vocabulario hebreo y griego

La palabras hebreas que ocurren con más frecuencia son *'ohel* y *mishkan*. *'Ohel* es la palabra muy general para "tienda" (por ejemplo, Génesis 13:3). Adquiere un significado religioso cuando se emplea en frases tales como "Tabernáculo de Reunión" (Éxodo 33:7-11) o "tienda del testimonio" (Números 9:15), que son sinónimos para lo que comúnmente se llama el tabernáculo. Es probable que la idea fundamental es que la tienda sirve como cobertura para el arca del pacto. *Mishkan* está basado en el verbo *shakan*, que quiere decir "habitar"; el sustantivo por consiguiente tiene el significado de habitación o morada. En más de la mitad de sus muchas ocurrencias en el Antiguo Testamento, se emplea esta palabra para el tabernáculo y comunica la idea de que el tabernáculo es la habitación especial de Dios.

La palabra hebrea *sukkah* y sus cognados tienen el significado fundamental de "abrigo, matorral, puesto, choza". El uso más comprensible de *sukkah* tiene que ver con lo que a menudo se llama la Fiesta de los Tabernáculos, que sería más conveniente denominar la Fiesta de las Cabañas. La celebración de la fiesta fue un recordatorio para el pueblo de su peregrinación por el desierto cuando vivían en chozas temporales.

El equivalente de esos sustantivos hebreos en el Nuevo Testamento es la palabra griega *skene* y sus cognados (como *skenos* y *skenoma*); tán basadas en el verbo *skenoo*, cuyo significado es "vivir, habitar". Por consiguiente, el significado fundamental del sustantivo es una habitación, pero, más específicamente, una tienda o cabaña.

David y la adoración en el Antiguo Testamento

La aportación de David a la alabanza en el Antiguo Testamento se destaca de dos maneras distintas. Cuando los israelitas recuperaron el arca del pacto de los filisteos, David lo guardó en una tienda, un *'ohel* (2 Samuel 6:17; 1 Crónicas 15:1; 16:1; 2 Crónicas 1:4). Además, contribuyó enormemente a la adoración de Israel por su composición de gran parte del libro de Salmos. Por lo tanto, la pregunta es legítima: Cuando Santiago citó Amós 9:11, que dice que Dios reedificaría y volvería a levantar el *sukkah* de David, ¿se refería a las aportaciones que David había hecho a la adoración de Israel? En otras palabras, ¿qué es este "*skene* de David" que Santiago dice que ha sido reedificado y levantado en cumplimiento de la profecía encontrada en Amós?

La frase "tabernáculo de David" en el Antiguo Testamento

Que yo sepa, esta frase ocurre sólo dos veces en todo el Antiguo Testamento: Amós 9:11 e Isaías 16:5. En Amós es la *sukkah* de David; en Isaías es el *'ohel* de David. La Septuaginta emplea la palabra *skene* (tienda) para traducir estos dos sustantivos hebreos. Por lo tanto, un análisis de estos pasajes *en su contexto* es esencial para una comprensión de la frase.

La primera parte de Isaías 16:5 dice: "Y se dispondrá el trono en misericordia; y sobre él se sentará firmemente, en el tabernáculo de David." Junto con esto ponemos la profecía mesiánica de Isaías 9:6-7 que dice en parte: "Lo dilatado de su imperio y la paz no tendrán límite, sobre el trono de David y sobre su reino, disponiéndolo y confirmándolo en juicio y en justicia . . . " Desde luego, la referencia en Isaías 16:5 al tabernáculo de David tiene que estar relacionada con el Mesías y su reino. El tabernáculo es una figura retórica para aquello sobre el cual uno ejerce dominio. El léxico Brown-Driver-Briggs sugiere que quiere decir la habitación o palacio de David donde se construyó el trono. Tiene que ver, pues, con el reino de David y su descendiente el Mesías.

De igual manera, el contexto de Amós 9:11-12 tiene que ver con la restauración del reino de David y su inclusión de "todas las naciones". Esto también es de naturaleza mesiánica. Ni en este pasaje ni en Isaías 16:5 hay indicio alguno de que las palabras *sukkah* y *'ohel* deban ser entendidas como "tabernáculo", una palabra vinculada automáticamente con la adoración.

La comprensión de Santiago del *skene* de David

El contexto de la cita de Santiago de Amós 9:11 es claro. Se celebraba el concilio para tratar problemas relacionados con la inclusión de gentiles en la iglesia. Santiago cita esencialmente de la Septuaginta, más bien que del texto hebreo. Los traductores de la Septuaginta al parecer supusieron que la palabra hebrea *'edom* (Edom) quería decir *'adam* (hombre, especie humana) y la tradujeron con la palabra griega general para "hombres" (*anthropoi*). Por lo tanto, en Hechos 15:17 tenemos la frase "el resto de los hombres [*anthropoi*]" que va seguida de "todos los gentiles".

El propósito de la cita de Amós es enfatizar que el Mesías, descendiente de David, ya ha llegado a ser Rey y está en el proceso de extender su reino. Además de la confirmación final de un reino terrenal bajo el Mesías, el Nuevo Testamento indica que Él ya está reinando sobre un reino espiritual. Recordamos su declaración: "Mi reino no es de este mundo . . . . mi reino no es de aquí" (Juan 18:36). Y ese reino espiritual, dice Santiago, ahora incluye gentiles así como judíos, ambos de los cuales están bajo la "tienda/choza de David".

22

LA CRUCIFIXIÓN DEL CREYENTE

El propósito principal de este capítulo es examinar las palabras griegas para crucificar (*stauroo*) y cruz (*stauros*) tales como se aplican a la experiencia del creyente en Cristo. Nos enfocaremos en su uso más bien que en estudios de palabras en sí. La pregunta clave es: "¿Ordena el Nuevo Testamento que los creyentes se crucifiquen a sí mismos (o 'la carne')?"

Un suceso pasado

Gálatas 5:24 declara: "Pero los que son de Cristo han crucificado [*estaurosan*] la carne con sus pasiones y deseos." El verbo griego está en el tiempo aoristo, que es equivalente al tiempo pretérito indefinido del español. El tiempo, en ambos idiomas, expresa una acción completada en el pasado. Se comunica mejor esta idea traduciendo el verbo como "crucificaron" en vez de "han crucificado".

Se encuentra este tiempo también en Romanos 6:6, que dice: "Nuestro viejo hombre [*anthropos*] fue crucificado juntamente con [*sunestaurothe*] él." La palabra (*sustauroo*) combina la preposición *sun* (con) y el verbo *stauroo* (crucificar). Ocurre en los pasajes que hablan de los dos ladrones que fueron crucificados junto con Cristo (Mateo 27:44; Marcos 15:32; Juan 19:32).

Pablo emplea otro tiempo — el perfecto — en dos pasajes. En Gálatas 2:20 dice: "Con Cristo estoy juntamente crucificado [*sunestauromai*]." En Gálatas 6:14 dice que mediante la cruz de nuestro Señor Jesucristo "el mundo me es crucificado [*estaurotai*] a mí, y yo al mundo." Este tiempo griego equivale aproximadamente al tiempo presente perfecto del español. Comunica la idea de una acción pasada cuyos efectos siguen en el presente.

Estos son los únicos pasajes del Nuevo Testamento en que se relaciona el verbo "crucificar" con la experiencia de un creyente. Es especialmente significativo que se trate la crucifixión del creyente como un suceso pasado. A veces se usan de modo intercambiable los dos tiempos griegos empleados por Pablo, pero el punto importante es que ambos representan una acción que ya tuvo lugar para el creyente.

Se emplea otro verbo (*apothnesko*: muero) para expresar la misma idea. Algunos ejemplos ilustran esto:

> "Y si [puesto que] morimos [*apethanomen*, tiempo aoristo] con Cristo, creemos que también viviremos con él" (Romanos 6:8).
>
> "Si [puesto que] habéis muerto [*apethanete*, tiempo aoristo] con Cristo . . . , ¿por qué, como si vivieseis en el mundo, os sometéis a preceptos . . ." (Colosenses 2:20).
>
> "Porque habéis muerto [*apethanete*, tiempo aoristo], y vuestra vida está escondida con Cristo en Dios" (Colosenses 3:3).
>
> "Porque yo por la ley soy muerto [*apethanon*, tiempo aoristo] para la ley, a fin de vivir para Dios" (Gálatas 2:19).

En esos pasajes también, se considera la muerte del creyente como un suceso pasado.

En resumen de lo dicho hasta aquí: Las Escrituras declaran que la crucifixión/muerte del creyente tiene vínculos irrompibles con la crucifixión/muerte de Cristo. Objetivamente, ocurrió cuando crucificaron a Cristo. Subjetivamente, ocurrió en el momento en que el creyente por primera vez se identificó con Cristo en arrepentimiento y fe. Es importante comprender que Dios ha declarado que el creyente ya ha sido crucificado. En otras palabras, estos pasajes no hablan de un *proceso* de morir, sino de la muerte como un hecho consumado.

Un énfasis paralelo

Una característica importante de los escritos de Pablo a veces se llama "el motivo indicativo-imperativo". Todos los pasajes citados hasta aquí están en el modo indicativo, el modo empleado para hacer una declaración. Y la declaración, otra vez, es que el creyente ya ha sido crucificado con Cristo, ya ha muerto con Cristo. Pero Pablo a menudo sigue declaraciones teológicas importantes con exhortaciones o mandatos de vivir a la luz de ellas. Se expresan éstos en el modo imperativo. Veremos algunos de ellos.

Después de las declaraciones de que fuimos crucificados y morimos con Cristo (Romanos 6:6, 8), Pablo procede a exhortar: "Así también vosotros consideraos [*logizesthe*] muertos al pecado, pero vivos para Dios en Cristo Jesús" (v. 11). El verbo con su objeto puede ser traducido de varias maneras: "considérense como, estímense como, evalúense como". El tiempo del verbo sugiere el significado "sigan considerando".

En Colosenses 3:5, después de la declaración de que ya hemos muerto con Cristo, Pablo procede a decir: "Haced morir [*nekrosate*], pues, lo terrenal en vosotros." El versículo 8 es un comentario sobre eso: "Dejad . . . todas estas cosas [los distintos pecados mencionados en los versículos 5 y 8]." Al creyente, pues, se le llama a separarse de todo lo que es antitético a su nueva vida en Cristo. El dominio propio — el negarse continuamente los placeres del pecado — es un elemento íntegro e indispensable del discipulado. Con respecto a esto Pablo dice: "Golpeo [*hupopiazo*] mi cuerpo, y lo pongo en servidumbre" (1 Corintios 9:27). Esta es una imagen del boxeo profesional que destaca el entrenamiento riguroso al que un boxeador se somete a fin de estar "en forma". Pero eso es diferente de un enfoque morboso que habla de "crucificarse", "crucificar la carne" y "morir al pecado".

El aspecto de "cada día"

Algunos usan las palabras de Pablo: "cada día muero [*kath' hemeran apothnesko*]" para mostrar que Dios en efecto requiere para el creyente un proceso continuo de morir. Pero el contexto inmediato de esta declaración trata del peligro físico en que Pablo a menudo se encontraba. Expresa este sentimiento en otro lugar cuando dice: "Por causa de ti somos muertos todo el tiempo; somos contados como ovejas de matadero" (Romanos 8:36, citando el Salmo 44:22). Además, el tema de todo el largo capítulo en que ocurre la declaración "cada día muero" es el de la muerte y resurrección físicas. Pablo, pues, no está hablando de la necesidad del creyente de morir cada día a cualquier cosa que sea perjudicial para su andar espiritual.

Pero qué de las palabras de Jesús: "Si alguno quiere venir en pos de mí, niéguese a sí mismo, tome su cruz cada día, y sígame" (Lucas 9:23)? En el versículo anterior Jesús habla de su sufrimiento y muerte venideros. En el versículo que sigue habla de la disposición de uno de perder la vida, si es necesario, como el precio de seguirlo. La cruz diaria del creyente, por lo tanto, es su compromiso diario de seguir a Jesús a pesar del costo.

El Nuevo Testamento establece un equilibrio entre los modos indicativo e imperativo. Sí hemos sido crucificados con Cristo, pero debemos demostrar la verdad cada día por la manera vencedora y disciplinada en que nos comportamos. ¿Crucificados con Cristo? Sí. ¡Pero también resucitados a nueva vida con Él!

23

LOGOS Y RHEMA

Hace algunos años, después de un culto en el cual prediqué, se me acercó una señora y preguntó: "¿Tiene una palabra para mí?" Quedé desconcertado, sin saber exactamente lo que ella quería decir, y respondí simplemente: "No." Yo no estaba consciente por entonces de que había comenzado a circular una enseñanza que hacía una distinción entre los sinónimos griegos *logos* y *rhema*, cada uno de los cuales se traduce por lo general como "palabra".

La distinción hecha por algunos es que *logos* es de alcance universal, mientras que *rhema* es particular. *Logos* es "objetivo"; *rhema* es "subjetiva". El *logos* es eterno; la *rhema* es contemporánea. Una pretensión importante es que una *rhema* a menudo es una palabra del Señor dada para una ocasión particular o, como dijo un escritor: "una palabra particular para usted", mientras que en general se identifica *logos* con las Escrituras. En otras palabras, se ha de entender *rhema* como una palabra hablada y *logos* como la palabra escrita. Al parecer la hermana a quien mencioné buscaba una palabra "*rhema*".

Este capítulo explora la pregunta de si el Nuevo Testamento hace una distinción entre el significado de las dos palabras. Hay que considerar dos factores fundamentales. En primer lugar, un sinónimo por definición es "una de dos o más palabras o expresiones del mismo idioma que tienen el mismo o casi el mismo significado en algunos o todos los sentidos". La segunda consideración, que es de suma importancia, es que el *uso* determina el significado de una palabra. Por lo tanto, la pregunta importante es si los escritores del Nuevo Testamento empleaban las dos palabras con significados diferentes, o si las empleaban de modo intercambiable. El mejor procedimiento es ver pasajes específicos.

Comparación de pasajes

Se emplean ambas palabras en pasajes que se refieren a palabras dichas por Jesús en una ocasión específica. Jesús le dijo a Pedro que fuera al agua profunda y echara las redes. Después de reconvenir a Jesús, Pedro dijo: "mas en tu palabra [*rhema*] echaré la red" (Lucas 5:5). Jesús dijo al funcionario real que le vino para pedir la sanidad de su hijo: "Vé, tu hijo vive." El texto dice: "Y el hombre creyó la palabra [*logos*] que Jesús le dijo" (Juan 4:50). Con toda seguridad no hay ninguna distinción de significado entre las dos palabras en esos pasajes.

Se usan las palabras de modo intercambiable en pasajes que hablan del efecto purificador de la Palabra. Jesús dijo: "Ya vosotros estáis limpios por la palabra [*logos*] que os he hablado" (Juan 15:3). Hablando del mismo tema, Pablo dijo que Cristo santificó la iglesia, "habiéndola purificado en el lavamiento del agua por la palabra [*rhema*]" (Efesios 5:26).

Pedro empleó ambas palabras en el mismo contexto, sin pretender hacer ninguna distinción de significado. Dice en primer lugar: "siendo renacidos, no de simiente corruptible, sino de incorruptible, por la palabra [*logos*] de Dios que vive y permanece para siempre" (1 Pedro 1:23). En el versículo 25 dice: "La palabra [*rhema*] del Señor permanece para siempre." El hecho de que la *rhema* del Señor "permanece para siempre" la excluye de la esfera de lo que es de naturaleza contemporánea o local.

Para dar otra ilustración, veremos los primeros versículos del libro de Jeremías, que traduzco de la Septuaginta. El versículo 1 dice: "La palabra [*rhema*] de Dios, que vino a Jeremías." El versículo 2 dice: "La palabra [*logos*] de Dios que le vino." No hay modo en que una persona imparcial pueda decir que se pretende hacer una distinción entre el significado de estas dos palabras.

La ignorancia de Pablo de una diferencia

Es obvio que Pablo no reconocía la diferencia de significado que enseñan algunos. Un pasaje muy eficaz es 1 Corintios 12:8, en que el apóstol comienza a enumerar dones espirituales. Al principio de la lista hay los dones de una "palabra [*logos*] de sabiduría" y una "palabra [*logos*] de ciencia". Si es correcta la distinción enseñada por algunos, sin duda Pablo habría empleado *rhema* en vez de *logos* debido a la naturaleza de estos dones, que son "para el momento"; no se pretende que sean de alcance o aplicación generales o universales.

Una diferencia de raíces, no de significado

Las formas verbales cognadas de las dos palabras también ayudan a ver que no se pretende establecer ninguna verdadera distinción. La palabra griega corriente para "decir, hablar" en el tiempo presente es *lego*; el sustantivo equivalente es *logos*. Pero la palabra *lego* es lo que en la gramática española llamamos un verbo irregular; la raíz del tiempo presente no se encuentra en otras partes principales del verbo (como, en español, "ir" y su forma pretérita "fui, fue [etc.]"). Otras partes principales del verbo griego *lego* (por ejemplo: *ero*, *eireka*) vienen de otra raíz, ¡pero no hay ninguna diferencia de significado! La palabra *rhema* emplea esta otra raíz. El punto es que dos sustantivos sinónimos del griego emplean raíces diferentes. Esto es similar a sinónimos españoles tales como "obtener" y "adquirir" que obviamente no vienen de la misma raíz pero que no difieren en significado.

Conclusiones

Las palabras *logos* y *rhema* son sinónimos de significado muy parecido, si no idéntico. Se emplean de manera intercambiable en las Escrituras, a veces cuando los escritores bíblicos están hablando de la misma cosa. Tal como sucede en toda literatura buena, un escritor puede alternar entre sinónimos por razones estilísticas, simplemente para impartir variedad literaria. Lo que pudiera parecer una distinción legítima y docta entre los dos sinónimos simplemente no resiste al examen del uso de los términos en la Biblia.

A veces el Señor, a fin de satisfacer una necesidad específica, sí comunica un mensaje a su pueblo por muchos medios. Pero es arriesgado poner énfasis en lo que algunos llaman una palabra "*rhema*". Además del uso inoportuno del término *rhema*, hay el constante peligro de que se estime la palabra supuestamente hablada o contemporánea más que se estimen las Escrituras.

24

¿SOMOS DIOSES?

Nueva Era. Mormonismo. Hasta algunos evangélicos. Circulan algunas ideas equivocadas y antibíblicas que dicen, en efecto, que el hombre es un Dios, o tiene la capacidad de llegar a ser uno. A veces se cita la declaración de Jesús en Juan 10:34 para apoyar tal postura: "¿No está escrito en vuestra ley: Yo dije, dioses sois?" (Juan 10:34, citando el Salmo 82:6).

Antecedentes en el Antiguo Testamento

Los oponentes de Jesús acababan de acusarlo de blasfemia, y añadieron: "Tú, siendo hombre, te haces Dios" (v. 33). Antes de examinar la lógica de toda la respuesta de Jesús (vv. 34-38), será de ayuda considerar la cita del Antiguo Testamento en sus contextos inmediato y más general.

La palabra *'elohim* en el Antiguo Testamento

Tal vez sorprenda a algunos el hecho de que la palabra hebrea genérica para Dios (*'elohim*) tiene otros significados en el Antiguo Testamento. Es de número plural, y por lo tanto se puede traducir correctamente "dioses" cuando se aplica a los hombres. Debemos recordar que no es el nombre de pacto o personal de Dios (*Jehová/Yahvéh*), ni tampoco es *'adonai* (Señor). La palabra *'elohim* se emplea también al hablar de deidades paganas, pero más pertinente para nuestro estudio, se emplea a veces con respecto a los hombres. El Salmo 82 es una condenación de los jueces injustos de Israel. El versículo 1 dice que Dios "en medio de los dioses [*'elohim*] juzga". Se puede ver el uso de la palabra hebrea en este sentido en un pasaje como Éxodo 22:8-9, que dice que un dueño de casa robado o ambas partes en un caso de abuso de confianza comparecerán "delante de los jueces [*'elohim*]". Es de interés que los Targumes interpreten la palabra en los pasajes del Salmo 82 y de Éxodo 22 como "jueces". (Los Targumes son las traducciones o paráfrasis arameas de pasajes del Antiguo Testamento.)

Se puede aplicar la misma traducción a Éxodo 21:6, que habla de un esclavo libertado que desea quedarse con su amo; su amo entonces "lo llevará ante los jueces [*'elohim*]". En este versículo la Septuaginta emplea la palabra *kriterion*, que quiere decir tribunal. Se encuentra esta palabra griega en Santiago 2:6 y 1 Corintios 6:2, 4, con el mismo significado fundamental.

Aunque se pueda disputar algunas de las traducciones, es evidente que la palabra hebrea, especialmente en el Salmo 82:6, se refiere a hombres. ¿Cómo, pues, se puede usar la palabra corriente para Dios para denominar a hombres como jueces? Keil y Delitzsch dicen que los jueces, que tienen un cargo de autoridad, son "los delegados de Dios y los que traen su mensaje, y por lo tanto como representantes suyos son también llamados *'elohim*, dioses". Añaden, además de eso: "El nombre no les pertenece originalmente a ellos, ni se muestran moralmente dignos de él." Esta última declaración está clara del Salmo 82:2-5. (Pablo, en Romanos 13:1-7, hace eco del concepto de que los gobernantes humanos son representantes de Dios.)

Hay que señalar enérgicamente que se declara a estos jueces indignos en el Salmo 82: "Como hombres moriréis y como cualquiera de los príncipes caeréis" (v. 7).

Debemos notar además que el Antiguo Testamento rara vez aplica la palabra *'elohim* a hombres. Es por lo tanto poco apropiado generalizar basado en el uso limitado, y a veces disputado, de la palabra, a fin de sostener la posibilidad de "deidad" para todos.

¿Por qué citó Jesús el Salmo 82:8?

Es importante comprender *por qué* Jesús citó el pasaje del Salmo 82. No lo citó para proponer la idea de que todos los hombres son en potencialidad dioses. Cualquier intento del hombre de ser como Dios está destinado a fracasar. La maña de Satanás al tentar a Adán y a Eva fue prometerles: "Seréis como Dios" (Génesis 3:5). Su intento de ser como Dios sólo dio por resultado que se estropeara la imagen de Dios en ellos, ¡lo cual los movió aún más lejos de Dios!

Herodes Agripa I se deleitó en la adulación de la multitud que dijo que su voz fue "de Dios, y no de hombre". Fue herido por Dios "por cuanto no dio la gloria a Dios" (Hechos 12:22-23). Para siempre será cierto que aun cuando el hombre fue creado a la imagen y semejanza de Dios (Génesis 1:26-27), también fue hecho "poco menor que los ángeles [*'elohim*]" (o Dios, según la nota marginal de la Biblia de las Américas; Salmo 8:5). Esta última declaración es una respuesta a la pregunta: "¿Qué es el hombre, para que tengas de él memoria?" (v. 4). (A veces se interpreta la palabra *'elohim* en el versículo 5 como "ángeles", especialmente a la luz de Hebreos 2:6-8, que cita el pasaje de la Septuaginta.)

Volvemos la atención a la razón por qué Jesús citó el Salmo 82:6. Se puede entender su respuesta de por lo menos dos maneras diferentes, cada una de las cuales contiene un elemento de verdad. Es posible que esté argumentando que si a los jueces, que fueron representantes de Dios, se les podía llamar "dioses", ¿por qué sus oponentes lo acusan de blasfemia cuando afirma ser alguien que parece ser menos: el Hijo de Dios, y no Dios mismo?

También puede ser que Jesús esté argumentando de lo menor a lo mayor. Los jueces mencionados en el Salmo 82, aun cuando se les llame dioses, no son dignos de la denominación porque han demostrado que son cualquier cosa menos como Dios (vv. 2-5). ¿Por qué, pues, deben los oponentes de Jesús acusarlo de blasfemia porque se ha identificado tan de cerca con Dios, puesto que su vida y sus obras contrastan tan fuertemente con las de los jueces injustos?

Conclusión

Es dudoso, y a veces teológicamente peligroso, generalizar de una aplicación limitada de un pasaje de la Biblia. Jesús no hablaba de la capacidad de un hombre de convertirse en un dios o actuar siquiera como si fuera Dios. La línea para siempre ha estado trazada entre Dios y el hombre. Él es el Creador; nosotros somos las criaturas. Nos ha honrado al crearnos a su imagen y semejanza, pero en ninguna parte sugieren las Escrituras que tenemos la capacidad de elevarnos, o de ser elevados, a la condición de dioses. Él es Dios, y además de Él no puede haber otros dioses. Somos sus hijos — hijos e hijas del Altísimo — pero nunca podemos lograr lo que Jesús es por naturaleza, el Hijo de Dios en un sentido único, ya que es de la esencia misma de Dios.

25

¡AMÉN!

La palabra *amén* ocurre en la Biblia con frecuencia sorprendente. Se encuentra veinticinco veces en el Antiguo Testamento (hebreo: *'amen*) y ciento veintiséis veces en el Nuevo Testamento (griego: *amen*, una transliteración del hebreo).

Antecedentes lingüísticos

La palabra está basada en la base triliteral hebrea *'mn*. De esta base vienen sustantivos tales como *'emunah* y *'emeth*, que quieren decir "fidelidad, firmeza, constancia", y el verbo *'aman*, cuyo significado fundamental es "confirmar" o "sostener". Más específicamente para el propósito de este capítulo, significa "ser confirmado, asegurado, establecido". La forma *'amen* es un adverbio y quiere decir "de veras" o "verdaderamente".

En la Septuaginta, se traduce la palabra de varias maneras distintas. Una vez se traduce *alethos*, verdaderamente. Se translitera *amen* ocho veces. Pero es interesante que la mayoría de las veces se traduce *genoito*, "así sea". La forma negativa de esta expresión (*me genoito*) ocurre quince veces en el Nuevo Testamento (por ejemplo, Romanos 3:4; 7:7; Gálatas 6:14) y se puede traducir "de ninguna manera", "ni por pensamiento", "nada de eso", y más libremente, "¡No lo quiera Dios!" Esta expresión negativa es el contrario de la idea detrás de la palabra *amen*.

El uso de *Amén* en el Antiguo Testamento

Se emplea la palabra *'amen* en el Antiguo Testamento en tres contextos diferentes. En primer lugar, es una respuesta repetida por el pueblo (doce veces) a cada una de las maldiciones que se pronuncian para desobediencia a la ley de Dios (Deuteronomio 27:15-26; véanse también Números 5:22; Jeremías 11:5; Nehemías 5:13). Señala su aceptación del juicio dado o prometido. En segundo lugar, en un caso lo pronuncia Benaía en respuesta al orden de David de que se unja a Salomón como rey e indica su acuerdo con la decisión de David (1 Reyes 1:36).

El tercer uso de la palabra es litúrgico. Sigue a la doxología al final de cada una de las primeras cuatro divisiones del libro de Salmos (41:13; 72:19; 89:52; 106:48). Se duplica en los primeros tres casos. Por ejemplo: "Bendito sea Jehová, el Dios de Israel, por los siglos de los siglos. Amén y Amén" (41:13). En 1 Crónicas 16:36, Asaf y otros terminan un largo himno de adoración con esas mismas palabras del Salmo 41. El versículo concluye: "Y dijo todo el pueblo, Amén, y alabó a Jehová." Nehemías 8:6 también indica el uso litúrgico de la palabra. Con respecto a su lectura de la ley al pueblo: "Bendijo entonces Esdras a Jehová, Dios grande. Y todo el pueblo respondió: ¡Amén! ¡Amén! alzando sus manos; y se humillaron y adoraron a Jehová inclinados a tierra."

Vemos en el Antiguo Testamento un precedente firme para que el pueblo de Dios responda diciendo "Amén" para indicar su aceptación de la voluntad del Señor, un mensaje del Señor, o una expresión de alabanza a Él, así como su acuerdo con estas cosas.

"*Amén*" y la adoración en el Nuevo Testamento

La Iglesia primitiva incorporó en su adoración algunos componentes de la adoración en la sinagoga, incluso la respuesta congregacional de "Amén". Una autoridad dice: "En la adoración . . . en la sinagoga ocurre como la respuesta de la comunidad 'a las alabanzas detalladas que pronuncia el líder junto con las oraciones o en otras ocasiones', y 'a cada una de las tres secciones en las cuales los sacerdotes dividían la bendición aarónica de Números 6:24-26.' "[1] Se encuentra en la exposición de Pablo sobre el don de lenguas una indicación de que era común en la iglesia del primer siglo una respuesta congregacional de "Amén". "Porque si bendices sólo con el espíritu, el que ocupa lugar de simple oyente, ¿cómo dirá el Amén a tu acción de gracias? pues no sabe lo que has dicho" (1 Corintios 14:16). Esto da a entender que era la costumbre que los adoradores respondían a oraciones diciendo "Amén".

---

1 Heinrich Schlier, *Theological Dictionary of the New Testament*, tomo 1, p. 336. Cita de Strack-Billerbeck, *Kommentar zum Neuen Testament aus Talmud und Midrasch*, tomo III, p. 456.

Se encuentra la misma idea en el libro de Apocalipsis. Como respuesta cuando toda la creación atribuyó al Señor alabanza, honra, gloria y poder por los siglos de los siglos, "los cuatro seres vivientes decían: Amén" (5:14).

Estrechamente relacionado es el hecho de que las doxologías del Nuevo Testamento a menudo terminan con "Amén", así como vimos en el Antiguo Testamento. Un examen de varios de estos pasajes (por ejemplo, Romanos 1:25; Gálatas 1:5; Efesios 3:21) muestra que "Amén" fue parte integral de la adoración en la época del Nuevo Testamento, ya sea que se expresara esa adoración oralmente o por escrito.

Jesús y "Amén"

De los ciento veintiséis casos de *amén* en el Nuevo Testamento, cien vienen de la boca de Jesús. Es significativo que comienza, y no termina, sus enseñanzas con esta palabra. Y en el Evangelio según San Juan se duplica la palabra en cada uno de los veinticinco pasajes donde ocurre. Esto da fuerza especial a lo que dice, pues en toda la Biblia Jesús es el único que dice "amén" a sus propios dichos, ¡y al principio, no al final!

Un elemento adicional es la asociación de la palabra griega *nai* con *amen*, y la manera en que estas palabras están relacionadas con Jesús. Pablo escribe: "Porque todas las promesas de Dios son en él [Cristo] Sí [*nai*], y en él Amén, por medio de nosotros, para la gloria de Dios" (2 Corintios 1:20). Después de una predicción del regreso del Señor, Juan añade: "Sí [*nai*], amén" (Apocalipsis 1:7). Y al final del libro de Apocalipsis Jesús dice: "Ciertamente [*nai*] vengo en breve." A eso Juan responde: "Amén; sí, ven, Señor Jesús" (22:20).

Una conclusión digna al uso de "Amén" en el Nuevo Testamento se encuentra en Apocalipsis 3:14, donde el ángel de la iglesia en Laodicea recibe un mensaje de Jesús, a quien se llama "el Amén, el testigo fiel y verdadero". La frase que sigue a la coma es un comentario sobre el significado de "Amén" en su forma hebrea original, que incorpora las ideas de fidelidad y veracidad.

Conclusiones

Un estudio de esta pequeña palabra debiera motivar al pueblo de Dios a seguir el precedente bíblico diciendo "amén" más a menudo cuando están de acuerdo con lo que dice otro en la adoración. El modo bíblico de responder es verbal; debemos tener cuidado de no sustituirlo con ninguna otra cosa.

Este estudio también ha llamado nuestra atención sobre Aquel que es el Amén personificado de Dios, el Señor Jesucristo, pues Él es la encarnación de la fidelidad, confiabilidad y veracidad de Dios.

www.ingramcontent.com/pod-product-compliance
Lightning Source LLC
Chambersburg PA
CBHW060949040426
42445CB00011B/1079

9781633680128